みっともない老い方

60歳からの「生き直し」のススメ

川北義則

PHP文庫

JN124115

○本表紙図柄＝ロゼッタ・ストーン（大英博物館蔵）
○本表紙デザイン＋紋章＝上田晃郷

はじめに

年代を問わず、人間、みっともないことはしないほうがいいが、年輪を重ねた高齢者のなかに、みっともない生き方をしている人が少なくない。我欲がまだ強いのだろうか。もう少しゆとりをもって生きたらいいのでは、と言いたい。

振り返ってみると、四十代、五十代の現役時代の自分は、けっこう緊張してがんばって生きてきた。そんな自覚がいつも頭にあったわけではないが、「社会人、組織のなかの人間としての使命を果たさなければ……」という気持ちが強くあったような気がする。

仕事に懸命に取り組んだのも、家庭を維持し、子育ての義務を果たし終えたのも、そうした使命感があったからだろう。おそらく大半のサラリーマンもそうに違いない。一人前の人間として認められるには、社会的な義務を果たさなければならないのは当然だ。いまほど寿命が長くなかった時代は、そうやって生きただけで人生はほぼ終わってしまった。劇で言えば「一幕物」である。

だが、時代は大きく変わった。現代人が長寿社会を実現して手に入れた人生は「二幕物」である。しかも二幕目は、多くの社会的な義務から解放されて自由に生きられる。少なくとも先進国の国民は、そういう人生を生きられるようになった。

これは喜んでよいことだと思うのだが、「人生一〇〇年時代」は、過去に誰も経験したことがないので、どう生きればいいかでとまどっている。いま日本の高齢者は、こんな状態に置かれているのではないだろうか。そのために、わがままが顔を出すのか。

「下手な考え、休むに似たり」という諺《ことわざ》もある。そこで提案だが、六十歳を過ぎてリタイアし、子どもも巣立って自由で気ままな時間を手に入れられたなら、もう余計なことはいっさい考えないで、世の中がどうあれ、気楽に構えて生きてみてはどうか。そういう心持ちになるのも、ときには必要だと思う。

たとえば、昨今の夏は異常な暑さだ。部屋のなかにいても、熱中症で倒れる高齢者が続出している。

人間というものは、暑ければ「暑い、暑い」と文句を言い、寒ければ「なんで、こんなに寒いんだ」とまた文句を言う。言ってどうなるものでもないのに、言ってしまう。そういうときは、文句を言うよりも現状をストレートに受け入れたほうがいい。そのほうがストレスにならない。

そういう態度を保つにはどうしたらいいか。動物の身になってみればいい。動物くらい、生きることに健気《けなげ》なものはいない。どこが健気かと言えば、人間と違って「文句をいっさい言わない」ことだ。

どんな過酷な条件であれ、黙って受け入れる。生きる最大限の努力はするが、それでダメなら恨み言一つ言うことなく黙って死んでいく。自然が相手ではケンカにならないことを、彼らは知っているのだ。なんと賢いことか。私たち人間も、年を重ねてきたら、この種の真の賢さを少しは身につけるべきではないだろうか。

あの良寛和尚《りようかん》がこんな言葉を遺《のこ》している。

「夏は暑きがよろしく、冬は寒きがよろしく候《そうろう》」

「病になるときは病になるがよろしく候」

「死ぬときは死ぬがよろしく候」

動物たちは言われなくてもそうしているのに、人間にはなぜできないのか。まあ、第一幕はゲームに勝つよう貪欲《どんよく》に生きてみるのもいいだろうが、第二幕までその延長戦にしてしまう必要はない。

第二の人生は、誰もが高齢を生きることになる。ゆえに「わが計《はか》らいにはあらず」（歎異抄《たんにしよう》）という出来事が多くなる。そのたびに文句を言ってはストレスを感じ、バタバタしていては、人生を楽しむどころかつらくなるだけである。

「老年の最大の報酬は精神の自由である。元気ざかりの人びとが重要だと考えることに、ある程度無頓着《むとんちやく》になれることである」（W・S・モーム）

昔の人はこういう知恵をもっていた。私たちも見習ってみよう。余計なことはできるだけ考えず、もっと素直に自然を受け入れて生きてみたらいかがか。

目次

みっともない老い方

60歳からの「生き直し」のススメ

第1章　こんな年寄りは嫌われる

第2章

60歳からの老いる作法

第3章 まだ枯れるには早すぎる

第4章 もっと冒険心をもて

第5章 死ぬときは死ぬがよろしく候

第1章

こんな年寄りは嫌われる

第二の人生は延長戦ではない

未経験というのは怖い。現在、私たちが生きている日本社会は、じつはかつて人類が一度も経験したことのない、高齢社会である。

高齢社会というのは、高齢化社会よりもさらに高齢化が進んだ社会のことだ。ずいぶん前から「高齢化社会が来る」と言われていたが、いつの間にか未経験ゾーンに踏み込んでしまっていたのだ。

この長寿社会を、どう受けとめるべきか。多くの人はわりと単純に、「長生きできるようになった」と思っていることだろう。さしずめ野球の延長戦のような受けとめ方だ。延長戦の感覚ということは、おまけのようなものだから、いままでのやり方を大きく変えようとは思わない。以前のやり方がまだ通用すると思いがちだ。それで、同じような生き方をしようとする人が出てくる。

しかし、これが間違いのもとである。以前とは状況が大きく変わっているからだ。第一の人生では仕事をしていたのに、第二の人生はもう仕事をしていない。だから以前の感覚でいると、「エッ」ということが起きてくる。

たとえば、前は「名刺」を出せば、相手が恐れ入ったかもしれない。第一の人生というのは、名刺や肩書が通用する世界である。

こういう話がある。

十年ぶりに高校の同窓会が開かれた。集まったのは十二人。みんな古希《こき》（七十歳）である。この同窓会には、以前に開かれた同窓会とは大きな違いがあった。これまで同窓会には決して出席しようとしなかった人間たちが出席していたことだ。

現役時代の同窓会は、けっこうつらい人がいる。名刺交換をしなければならないからだ。昔の仲間と久しぶりに会うのはうれしいが、自分はまだ課長なのに、大半が部長、役員になっていたら、敗北感が強すぎる。そんな同窓会には行きたくない。

こういう理由で出席しようとしない人間が何人かいた。しかし、古希の集まりとなれば、もうみんなリタイアしている。名刺の肩書が気になることもない。屈託《くったく》なく旧交が温められるというわけだ。

これは何を意味しているか。退職で人生が一回クリアされているということだ。つまり延長戦ではない。まったく新しい人生なのである。

ところが、それがわかっていない人がいる。まだ延長戦だと思っている人間は、たとえば行きつけの高級レストランへ行って、「混んでおりますので相席を」と言われたりすると激怒する。

「おれを誰だと思っているんだ！」

いままでのやり方で通用すると信じているのだ。

以前は通用したかもしれないが、リタイアすれば「ただの人」。それがわかっていない輩《やから》がけっこういる。そのまま気づかなければ、こういう人の第二の人生は、つらくなるだけだろう。

お金持ちの有名人とレストランにまつわる実話を、一つ紹介しよう。

ロックフェラー一世がいつものレストランへ行くと、「混んでいるから」と断られた。ロックフェラーにすれば、「おれを誰だと思っているんだ」という心境だったのだろう。激怒した彼は即座に会社に連絡し、あっという間にその店を買い取ってしまい、悠然と食事をしたという。

「おれを誰だと……」という場面でいばりたい人は、このくらいのことができなければいけない。

第二の人生は、第一の人生の延長戦にはあらず。まったく新しい人生なのだ、と肝に銘じよう。そうでないと人格を疑われるか、大恥をかいてバカにされるのがオチだ。第二の人生は、肩書も何もない、「素」のままの人間なのである。

会社勤めの現役時代は、①社会的地位、②肩書、③人間関係――この三つがあった。それがリタイアと同時にあっさりなくなってしまうのだから、この格差は大きい。現役のときに想像していたよりも、現実はよりショッキングなのだ。この自覚がないと、第二の人生は生きていけない。

「昔はよかった」と言うな

過去がしきりに思い出されるときは、不幸であることが多い。

人間、絶好調のときは、現在に生き、過去なんて思い出す暇もないものである。どうせ生きるなら、いくつになっても、そういう生き方をしたい。年をとってくると愚痴《ぐち》が多くなるのは、現在が不満で、過去を思い出すことでバランスをとろうとするからだ。

高齢者ばかりでなく、いま、過去を懐かしむ人が増えている。昭和三十年代の庶民の生活を描いた映画「ＡＬＷＡＹＳ　三丁目の夕日」がヒットしたのは、そういう事情もあったのだろう。

昭和という時代——私は経験があるから、よくわかる。あの時代はたしかに、みんな燃えて生きていた。豊かになっていく実感があったからだ。

しかし、もう一度、あの時代に戻りたいかと聞かれたら、はっきり言って私は断る。豊かさの質がまったく異なるのだ。いまのほうがはるかにいい。あの映画に描かれていなかった陰《かげ》の部分を知る身には、とてもではないが、繰り返したいとは思わない。

過去というのは都合よく粉飾されて現れる。思い出が美しいのはそのせいだ。現在を充実させたいなら、できるだけ過去は振り返らないにかぎる。「昔はよかった」という文句は言ってはいけないのである。

どんなことにも、よい面と悪い面がある。心地よい気分に浸《ひた》りたくて思い出にふけるときは、わざわざ悪い面まで思い出そうとは思わない。しかし、思い出したくないことも、思い出してしまうことがある。そうならないためには工夫が必要になる。

パリの公園のベンチに座って、いまは亡き奥さんの思い出に浸る老人がいた。いつも同じ場所でそうしているのだ。どうして自分の家ではないのか。そのほうが過ごした時間は多いはずだし、思い出も詰まっているだろう。

彼がそうしないのは、心地よい思い出のためには、その場所でなければならないのではないか。誰でもよい思い出をもっているから、思い出すことがあってもいい。だが、現状否定の気持ちが強いときに思い出すことは、「飾られている」ことを知っておいたほうがいい。そうでないと、記憶がどんどん歪《ゆが》められていく。

忘れることは、一般によくないことと考えられているが、人間は忘れることのできる動物で、忘れることはよいことなのだ。忘れるようにできているということは、忘れることに意味がある。人生を楽しく生きるには、忘れることも必要なのである。

ところが、忘れようと思っても忘れられないことがある。嫌なこと、不愉快なことは忘れがたい。

どうやって忘れるか。そんなことは、なかったことにするのが、いちばんいい。嫌なことに心の場所を与えないことだ。そのためには、いまを充実させるにかぎる。いまがよければ過去なんて思い出さない。

もし、いまがよくなかったら、よくなるよう努める。そうすれば思い出している暇がない。過去を思い出すことは、寝ている子を起こすようなものなのだ。「昔はよかった」と感じるようになったら、心身ともに弱っている証拠だ。

定年後、何もすることがなくなって、家に閉じこもっているのがいちばんいけない。これでは引きこもりと同じだ。

体を鍛えるためにも、まず外へ出て働く。働き場所がなければ散歩でも何でもいい、くたくたになるまで歩いてみたらいい。東日本大震災では、ボランティアに駆けつけた六十歳以上の人もいたのだ。

「だれだ。あくびをしたのは……人生にはまだすることが一杯あるんだ」（寺山修司）

比べても幸せにはなれない

格差の広がりが問題にされている。格差とは「不公平」ということだ。「不公平は正さなければならない」と言えば、誰もが賛成するだろう。だが、世の中は不公平なのが現実だ。

では、人びとは不公平が嫌いなのか。違うと思う。嫌いなのは、自分が不当に扱われる不公平だ。自分が得する不公平なら、たいていの人は文句を言わない。近年、正規、非正規とか所得格差とか、格差の広がりが問題にされながら、なかなか解決へ向かわないのは、こういう事情があるからである。

格差が気になるのは、比べるからだ。いまの社会は〝比べっこ社会〟で、何でも比べてランキングにする。以前からおかしいと思っているのは、タレントの好感度ランキング。「好きなタレント」で上位にいく人が、「嫌いなタレント」でも上位にいくことがよくある。これはいったい何なのか。ランキングの値打ちがないということだ。こんな意味がないことなど、やめたほうがいい。

テレビの視聴率調査も、性質は違うがバカらしいものである。わずかコンマ以下の差で一喜一憂している。猫が見ても視聴率の数字は上がるのだそうだ。

たしかに、比べなければわからないことはあるが、現役の競争社会と違って、リタイアしたらやたらと比べるのはやめようではないか。比較には客観性が大切だが、人の心理はなかなかそうはならないからである。

自分より有能な人と比べると、人は自己評価を下げる。自分より劣る人と比べると、自己評価を上げる。これでは客観性を欠く。また、「能ある鷹《たか》」のように爪を隠している人間には簡単にだまされる。客観的な比較などとうてい無理なのだ。

「比較地獄」というのをご存じだろうか。ある比較をして「勝った」と思う。だが、快感は長くは続かない。比較では、必ず優位な人間が現れるから、喜びはつかの間で、また新たに不幸な気持ちを抱くようになる。

比べているかぎり、これがずっと続くのである。つかの間の満足と新たな不快感のあいだを、一生、行ったり来たりしていなければならない。こういう無《む》間《けん》地獄に、あなたはいつまでもいたいのだろうか。若いうちは仕方がないとして、半世紀以上も人生をやってくれば、もう大概、世の中のことはわかるはずだ。バカバカしいと思わないのは、おかしいのではないか。

ほかと比べることにこだわらず、同じこだわるのなら、自分ならではのことにこだわってみてはどうだろうか。旅行好きなら一人旅にこだわり、それも気の向くまま各駅停車の旅に出かけ、あまり知られていない駅に降りてぶらついてみるとか。映画が好きなら場末の映画館で古い映画を徹底的に見るとか、自分なりの遊びを工夫してみるのも一興ではないか。

とにかく何もしないで、いまの自分が不幸であるという感覚を強くもっているとしたら、かりに自分が求める幸福の状態が得られても、それは「つかの間のことである」と肝に銘じたほうがいい。いつ、どんなときでも比べるのが好きな人は、わざわざ不愉快になるタネを探しているようなものである。

再就職先は選り好みしない

定年退職したあとの再就職は、よほど仕事ができるか、恵まれた立場の人間以外は、きびしいものがある。

IT企業で執行役員まで務めた人が、十社の採用試験を受けて、全部不採用だったという。この人はいま、建設現場で臨時雇員（アルバイト）として働いている。

そうかと思えば、営業畑のベテランが中小企業に採用されたところ、社長から「自由にやってくれ」と言われ、たちまちめざましい業績を上げたという話もある。

あるいは、再就職が難しいため、平均年齢五十八歳の退職者三人が退職金の一部を出し合って起業し、三年で年商七億円の会社に成長させた例もある。

全体としてはきびしい状況だが、細かく見ていくと、うまく再就職できる人と、そうでない人の格差がかなり大きいことがわかる。この差は、どこからくるのだろうか。

はっきり言って、以前勤めていた会社での仕事感覚を引きずっている人間ほど、再就職は難しい。会社を選ばず、新しいことにも挑戦して自分の能力を生かそうとする人間がうまくいっている。定年退職者の再就職の現状はこのようなものである。

何のことはない。新卒学生の就職と結果的には同じなのだ。再就職しようとする人が求める職種は事務職が圧倒的に多い。いわゆるホワイトカラーの仕事だ。また、企業選びでも、学生同様の大企業志向なのだ。

この現状を見ていて、再就職希望者はもう少し立場をわきまえるべきだと感じた。どういうことか。「あまり若い者たちの働く場を奪うな」ということである。現状は若者と再就職希望者が、かぎられた求人パイを奪い合っているようなものではないか。

五十五～六十九歳の男女を対象に「いくつまで働きたいか」と聞いたアンケート調査（労働政策研究・研修機構調べ）によると、「六十五歳以上まで」と答えた人がいちばん多かった。「働く理由」では「生活のため」が圧倒的。そんな状況でも、若者には少し遠慮するべきだろう。

事情を問わず、リタイア後もなお働こうとする姿勢を、私は買う。どんなかたちであれ、男は死ぬまで働くべきだと思っている。生活に余裕があっても、働くことをおすすめする。

だが一方で、若者と張り合うようになっては、ちょっと大人げないとも思う。後進に道を譲るという気持ちももってほしい。

当然、給与面でも条件は悪くなる。それは甘んじて受けるべきだろう。ある再就職希望者が「時給一〇〇〇円」の求人に応募し、採用された。しかし、三カ月は見習い期間なので「時給九〇〇円」と言われたのに腹を立てて辞めてしまった、という話がある。気持ちはわかるが、再就職者の立場をわきまえていないふるまいだと思う。

リタイアしたら、かつての世界では予備役のようなものなのだ。予備役は一《いっ》旦《たん》緩急《かんきゅう》あれば動けるように、一定の能力を保持する必要があるが、平時には「お呼びじゃない」のである。

　そのかわり、自由に別の人生を歩むことも許される。そういう立場の人間であることをわきまえれば、「どんな仕事でもやらせてもらえればありがたい」という気持ちになれるのではないか。これが、定年後の再就職者の社会への礼儀というものではないだろうか。

　あれこれ再就職先に文句をつけるとは、いったい自分を何様だと思っているのか。以前の会社がどんなに有名で、どれほどの偉い地位にいたか知らないが、定年後はまったく関係のない「素」の人間だということがわかっていない。こんな人間が少なくないのは困る。

慣れても狎れるな

「慣れる」と「狎れる」、どちらも「なれる」と読む。高齢になったら、「慣れる」はいいが「狎れる」にならないように気をつける必要がある。

とあるクリニック前の道を歩いていたら、ワゴン車から車椅子に乗せられた老婦人が降りてきた。

ひどくやせて弱々しい感じだったが、次の瞬間、思わずビクッとした。信じられない声高な調子で、付き添いの女性を叱責《しっせき》したからだ。

早口だったので何を言ったのか聞き取れなかったが、口汚い言葉だったことは確かだ。「嫌なものを見た」と、しばらく気分が悪かった。

乗ってきた車の車種や人相風体《ふうてい》からして、かなり裕福な婦人のようだった。

車椅子生活はさぞかし不本意なのだろう。だが、いくら不愉快な日々を送っているとはいえ、「あの叱責はない」と思った。

付き添いは仕事かもしれないが、付き添ってくれる人には一定の感謝が必要だ。「狎れる」とは、「慣れる」が高じて甘えたり、傲慢《ごうまん》になった状態だが、まさに老婦人の態度はそれだった。

そのとき、以前目にした、似たケースを思い出した。

よく道で出会う視覚障害者がいた。何度か道ですれ違っていたので、こちらは顔を知っているが、向こうは私のことなど知る由もない。温厚そうで、商店街などでも腰を低くしているので、「ハンディキャップがあっても賢い生き方をしているな」と思っていた。

あるとき、人気《ひとけ》のない道を歩いていると、向こうからその彼が歩いてきた。めずらしく女性の付き添いがいた。年格好からいって「奥さんかな」と思えた。そのとき、彼が何かにつまずいたようによろけた。体勢を立て直したとたん、彼は無言のまま女性をステッキでするどく突いた。そのときも私はギョッとしてしまった。

たぶん女性は、このような仕打ちを常日ごろ受けているに違いないと感じた。それまで抱いていた彼への好印象がいっぺんに吹き飛んだ。そして思った。「狎れる」とは怖いものだ。

電車のなかで、若者が老人に席を譲る姿をよく見かける。そのとき、老人が感謝するとホッとする。なかには「当然」といった顔で無言で座る老人がいる。これが「狎れる」の成れの果てだ。「ありがとう」くらい言えないのか。「このバカ老人！」と思わずつぶやいてしまう。

年をとると、いろいろなことに慣れてくる。「年の功」とは慣れからもくる。だが、自分のなかの「慣れ」が「狎れ」に変化していることには意外に気づかない。これは怖いことだ。それを繰り返していると、いつの間にか人が遠ざかっていくからだ。

その結果、ストレスがたまるようになる。「思うようにいかなくなる」からである。この悪循環にはまると、人生はどんどんつまらなくなっていくに違いない。先の老婦人も視覚障害者の男性も、この悪循環にはまっているような気がする。

誰だって、第二の人生をそんなふうに生きたくはないだろう。だったら、「狎れ」に気をつけよう。子どもが親孝行だからと甘えてはいけない。周囲の人間がいかに親切にしてくれるからといって、甘ったれてはいけない。「おれの人徳だ」などと思うのはうぬぼれだ。

狎れのワナにはまらないためにはどうするか。「感謝第一」で生きることである。これなら絶対に間違わない。

最後に、私のモットーを紹介しておく。

「してもらったら感謝、してもらえなくても当たり前」

疑うことを忘れるな

これも〝平和ボケ〟の一つなのだろうが、日本の高齢者は、全体に生きることへの緊張感が足りない。そう思ったのは、麻薬の運び屋をする高齢者が増えているというニュースに接したからだ。

もちろん、そうとわかって運び屋をするのではない。だまされて片棒を担《かつ》いでしまうのだ。ハメるほうも相当に巧妙なのだろうが、さしたる理由もなく海外旅行に行く機会を与えられ、中身のわからない荷物をもって帰国する無神経さが私には信じられない。

何十年も生きてきて何を学んだのか、と言いたくなる。いまだ振り込めサギに引っかかる高齢者もそうだし、マルチ商法にだまされる人もしかり。

近年は自宅を訪問して、お年寄りから高価な宝石類などを捨て値で買い取る悪徳商法まで現れた。以前は「消防署のほうから来ました」と言って、消火器を売りつける単純なサギもあったが、宝石の捨て値買いというのは、高価な指輪でも、千円札一枚で「これでいいだろう」などと、なかば脅迫するというから許せない。

とはいえ、こんな見え見えの悪徳商法にウカウカ乗せられてしまう高齢者は、年端《としは》のいかない子どもと大差ない。少しは自分の幼稚さ、無用心さを恥じるべきだろう。だまされるのは、なかば自業自得でもあるのだ。

誰もがそう指摘しないのは、思いやりではなく、日本人特有の「老人＝子ども」感覚にあると思う。基本的には老人をバカにしているのである。

作家の曽野綾子さんが、学生時代にこんな経験をしたそうだ。居眠りしながら授業を受けていて、ふと目が覚めると神父の先生がこう言っていたという。

「フランスでは、『健全なる精神は健全なる肉体に宿る』とは思っていない。体が丈夫なだけで、何も考えないような人間はどうしようもない」

曽野さんは眠気がいっぺんに吹き飛んだ、と述懐しているが、いまの日本の高齢者のなかには、この「どうしようもない」人が少なからずいる。そういう人間には、「それではダメなんですよ」ということを言ってやらなくてはいけない。

それをしないで、ただ甘やかしていたら、これからの高齢社会はどうなるだろうか？　幼稚な老人であふれ返ってしまうのではないか。そんな社会は想像するのも嫌だ。

いまの日本は、世界の国々のなかでは異例のスピードで高齢化した国だ。大半の人が第二の人生を始められる社会など、かつて人類が経験したことのない僥倖《ぎょうこう》（思いがけない幸運）である。努力に努力を重ねて実現した超高齢社会がどれほどのものか。その範を世界に示す役割を与えられている。

もしも、日本がいまの調子で幼稚な高齢社会をつくっていったとしたら、「なんだ。長生き社会なんて、その程度のものか」とがっかりされるだけだろう。その意味で私たち高齢者は、大きな責任を負わされている。

この責任を全《まっと》うするには、もう少し大人の考えを身につける必要がある。いったいどうやってそれを身につけるか。

とりあえず、少数派になってみることだと私は思う。世間の多くが「そうだ」と言い出したら、「違うのではないか」と疑ってみる。あるいは少数派の立場で考えてみる。そういう癖をつけることだ。

たとえば、私は何かのアンケートで大多数の人たちが賛成と言ったとき、わずか数パーセントの反対派の意見のほうを聞くことにしている。すると「なるほど、それも一理あるな」と思ったりする。大勢に流されない癖をつけることだ。

難しそうだが、いまの日本なら簡単だ。マスコミが声を大にして繰り返し主張したり、当然のことのように認めたりすることを疑えばいいのである。

たとえば、「日本は借金漬けで破綻《はたん》寸前」「日本は資源小国」「食料自給率が低い」「消費税引き上げは不可避」などなど。これらは都市伝説に酷似《こくじ》している。「ほんとうにそうなのか？」と、まず疑ってかかることだ。大人の見識をもてば、それがわかる。

キレることは恥ずかしい

すぐにキレるのは分別のない若者たちの専売特許かと思っていたら、高齢者もキレやすくなっているという。役所の窓口やスーパーマーケットのサービスカウンターで担当の女性に怒鳴り散らす高齢の紳士、という光景もめずらしくなくなった。

事務所の近くにある百貨店の前の通りで、そんなキレる高齢者を見かけた。その通りでは、横断歩道を渡らずに道路を横切る人が少なくない。客待ちのタクシーの陰から飛び出すと危ない場面もある。

その老婦人も両手にブランド品の袋をもって、ひょいと道路に飛び出した。そこに若い男が自転車で通りかかった。若者はよけるタイミングが合わず、老婦人の手前でブレーキをかけた。キーッという音が響いた。

「バカヤロー！　前見て走れ！」

この言葉に私はびっくりした。その怒鳴り声と、着ている品のいい服との差に二度もびっくりした。自転車の若者は道路の左側を走っていた。少なくとも彼は悪くない。そんなに怒鳴るなら、ちゃんと横断歩道を渡りなさい、と言いたい。

「老人になれば誰も単純で気短になる」（吉川英治）

とはいうものの、昔と違って、いまの高齢者にはこれから、おまけでも付け足しでもない〝第二の人生〟が待っている。まったく「素」の人間になって、もう一度あらためて生き直すようなものだから、ちょっとしたことにキレている場合ではない。

キレるというのは、突然、怒り出したり、前後の見境《みさかい》がなくなったりすることを言うが、高齢者はかなり意識的にキレる場合がある。日ごろの家庭での鬱憤《うっぷん》などを、自分より目下の人間や、立場上、反論できない相手にぶつけてキレるのだ。

コンビニやコーヒーチェーン店などで若い店員を怒鳴りつけているオヤジに、このタイプが多い。「何をやってるんだ。早くしろ！」などと腹を立てているが、半分はストレス解消でやっている。みっともないことだ。キレて、鬱憤を晴らして、本人はすっきりするだろうが、怒鳴られたほうはたまらない。ストレスがたまる。なかには「あのオヤジの野郎！」と根にもつ者もいないとはかぎらない。

もう一つ、キレることに関して私が危惧《きぐ》するのは、キレて起こす行動には、一種の爽快《そうかい》感があることだ。テレビドラマの「水戸黄門」だって、堪忍袋の緒が切れたご老公が、「助さん、格さん、懲《こ》らしめてやりなさい！」と最後にキレることで、見ているほうは爽快感を味わう。黄門さまがキレなかったら、あのドラマは成り立たない。

いったんキレると、ステージが変わる。妙なエネルギーが出てくる。そこからエスカレートすると、考えもしなかったことをやってしまう。六十五歳以上の高齢者の暴行事件が増えているが、その動機を見ると、「憤怒《ふんぬ》」がトップにきている。キレやすい高齢者ほど、罪を犯しやすいのだ。要注意である。「そんなつもりじゃなかった」――あとで何を言おうと、もう手遅れである。

もちろん、キレそうになることは誰にでもある。だが、そこはこみあげた感情を飲み込んで、こらえることだ。これが大人というものだろう。会社でどれほど偉い立場にいるのか知らないが、コンビニの店員にとっては一人の客にすぎない。定年退職後なら、あなたはただのオッサンにすぎない。それを自覚すべきなのだ。

そして、「キレるのは恥ずかしいこと」という意識を常日ごろからもつこと。それだけでもブレーキがかかるだろう。他人がキレているのを見たことはないだろうか。顔も言葉もみっともないものだ。品格のカケラもない。

退職後もキレたりするのは、会社時代の肩書や地位がまだ頭の隅に残っているのかもしれない。会社とは縁が切れたのに、そのまま過去を引きずっている。そして、とかく上から目線で他人と接する。自分は〝ただの人間〟にすぎないことがわからないのだ。定年退職後二、三年くらいは、そんな傾向が見られるが、これが七十代になると、人間が枯れてくるのか、キレることも少なくなるようだ。

キレないためにいちばんいいのは、自分のナマの感情をぶつけることができる相手がいることだ。女房でもいい。とはいえ、これは、その相手に「キレろ」ということではない。「今日、こんなことがあって、まったくアタマにきたよ」などと鬱憤晴らしのできる相手をもつということだ。「そう、それは大変だったわね」と家族が軟着陸させてくれるのがいちばんいい。

ともあれ、いい年をしてキレるのはみっともない。本来、人間は年をとればとるほど、それなりの人間形成ができるはず。それが幼児返りでは情けないではないか。

年相応の貫禄を身につけよ

私が子どものころの高齢者には、それなりの貫禄があった。無教養に見える人でも知恵があり、話を聞くと何かを学べた。

だから高齢者は、おおむね畏怖《いふ》・尊敬の対象だった。年寄りに接する若い者は、よくも悪くも何かを教わったものだ。

それに比べて、いまの高齢者はあまり尊敬されていないのではないか。

高齢者に関する話題と言えば、介護がどうの、孤独死がどうの、年金がどうのと、重たい話ばかり。人類は大昔から長寿を望んできて、やっとそれが実現したというのに、どうしてそんな話しかできないのか。高齢者はリスペクト（尊敬の念）の対象になっていない。

これには社会全体に「若さ志向」が強すぎることがあると思う。若いというだけで、わけもなく期待したり、うらやましがったりする。そして中年を過ぎると、今度はアンチエイジングだ。「老い」を素直に受け入れるという姿勢が見られない。

高齢者に向かって「お若いですね」とお世辞は言うが、「年相応ですね」とは、まず言わない。そんな言い方をしたら、気分を害されると思っている。世の中がこんなふうだから、高齢者も老いへの自覚がまるで足りない。

その昔、貝原益軒は、「老後の一日、千金にあたるべし」と言った。高齢者の一日はそれだけ貴重なものだが、長生きできるようになって、また豊かになって、私たちは「日々」をムダ遣いするようになったのではないか。

どんな日々の送り方をしようと、自分の人生なのだから、人からとやかく言われる筋合いはない。だが、自身で考える必要はあると思う。いくつになっても、若いときと少しも変わらないのは、決して自慢できることではない。見た目はどうあれ、六十歳を過ぎたら当事者たるもの、少しは「老いの自覚」をしてみたほうがいい。

老いの自覚とは何か。いろいろあるだろうが、「年下に向かって、どれだけ有益なメッセージを与えられるか」というのも一つの尺度になると思う。いい年になって、後輩たちへ実のあるアドバイスもできないようでは、ちょっと情けない。

あるいは後輩たちは耳を貸さないかもしれない。親切で言っても「フン」という顔をされるかもしれない。それでもいいではないか。若い者が目上の忠告を無視するのは、いまに始まったことではない。

たとえば、箸の上げ下ろしまでうるさく忠告する身近な高齢者は、そばにいるだけで煙たがられるかもしれない。だが、若い彼ら、彼女たちにとって、そんなアドバイスはいずれ生きてくる。「あのとき、うるさく言われておいてよかった」と、あとで感謝されるかもしれない。礼儀作法は社会人になって、まず目につくことだ。一にも二にも、これができないと一人前とは見なされないのだ。

高齢者の忠告は若い者にとって、こうるさいかもしれない。だが、かりにそうであったとしても、自分が経験したこと、「こうだな」と思ったことは、メッセージとして伝えるべきだ。それが年長者の役目であり、老いの自覚というものだろう。

東日本大震災で、はからずも明らかになったことがある。それは昔の年長者が驚くほど、いま私が述べたようなことを実行していたことだ。報道によれば、岩手県の海辺には津波の警告を文字に刻んだ石碑が無数にあるという。

「ここより下に家を建てるな」（宮古市）

「津波がきたら、高い所へ逃げよ」（大槌町）

また、大阪市浪速区の石碑には、「願わくば年一回、文字に墨を入れてほしい」と刻まれているという。後世を思いやった、なんときめ細かな先人たちの心配りか。

災害にかぎらない。それぞれが自分の人生で学んだことを整理、総括してメッセージとして遺す。そういうことを、年長者はもっと考えるべきだろう。老いの知恵を発揮すれば、年相応の貫禄もおのずとつくはずだ。

人間関係はつかず離れずがいい

会社の人間関係が強固なのは、運命共同体だからだ。それは戦友に似ている。ビジネス競争に勝利するため、ときには個人の感情を抑えて協力したり、指示に従ったりする。秘密を漏らさない、裏切らないという意味での忠誠心も必要になってくる。その意味では、ふつうの人間関係とは異なっている。

ところが、そのことに気がつかないで、定年退職後も同じ考え方で人間関係を維持しようとする人がいる。たとえば、大勢の部下を従えていた人などは、組織人でなくなっても、とかく上から目線で命令して顰蹙《ひんしゅく》を買ったりする。

人間関係も会社を辞めたら、組織のやり方そのままでは通用しないことを心得ておく必要があるだろう。そこで、第二の人生で良好な人間関係を築くにはどんな点に注意したらいいのだろうか。

第一に挙げられるのは、「つかず離れずの関係がいちばんいい」ということだ。ちょっと親しくなると、急速に相手との距離を縮めようとする人がいる。たとえば、行きつけの飲み屋で知り合った人がいる。偶然、同じ大学の出身で、同じ業界に身を置いてきたことがわかった。年格好も似ているし話も合う。すっかりうれしくなって、自分のプライベートを明かし、相手にもそれを求める……こういうタイプがいちばんいけない。

相手は自分ではないのだ。こちらはプライベートなことを屈託なく話せても、相手はどんな事情を抱えているかわからない。いろいろ聞かれて迷惑かもしれない。その程度の気配りもできない人間なのか、と思われるのがオチだ。

意気投合しても、礼節を保ち、相手のプライベートにはあまり踏み込まないようにすべきだろう。高齢になってからの人間関係は、「淡き交わり」こそが最良の方法である。

第二は、「挨拶する人間を増やせ」である。道で会ったとき、目礼するとか、時候の挨拶をする程度の、いわゆる顔見知り。名前すら知らないような関係でいい。自分の住む町には、そういう人間をできるだけ多くもつようにしたい。「おはようございます」「こんにちは」くらい、誰でも言えるはずだ。

顔見知りを増やす方法はそれほど難しくはない。買い物をしたり、ときどき食事などで行く店の主人や従業員などと二言三言、言葉を交わす習慣を身につければいい。そうすれば道で会ったようなとき、向こうから挨拶してくれる。それに愛想よく応えるだけで、挨拶する間柄の人間は急速に増えてくる。

こんな顔見知りを増やしてどうするのか。それは、いざというときに頼れるからだ。たとえば、救急車で運んでもらわなければならないような事態が生じたとき、誰も顔見知りがいない人間と、顔を知られた人間とでは、扱いが違ってくるだろう。高齢になれば、いつどこで何が起きるかわからない。

この二つを守っていると、そうしたつきあいのなかから、自然に、ほんとうに友だちと呼べる人間が現れるかもしれない。もし、親しい話し相手がほしければ、趣味とか遊び仲間から、そういう人間を見つけることだ。

西洋には社交界というものがあり、仕事ともプライベートとも違う独特の交際社会が成り立っている。日本にはそういう社会はない。あるのは会社がらみの組織人同士か、もしくは地域社会のつながり、あとは趣味、遊び関係の仲間くらいだろう。

リタイアした人間がこのなかでいちばん大事にするべきは、地域社会の人間関係である。あえて西洋の社交界に近いものを挙げれば、村落共同体の歴史をもつ日本の社交の場は地域社会だからだ。都市化の進展で、いま地域社会の人間関係も希薄になっているが、これは復活させなければならない。

会社時代の人間関係は、そのまま退職後にもってくることはできない。それを錯覚しないことだ。会社と縁の切れた人間と現役の会社人間とでは、はっきり言って何の関係もなくなる。退職後のゴルフの誘いも、最初の一、二回はつきあってくれるかもしれないが、その後はプッツリ縁が切れる。それを当然として受け入れるのが、〝リタイア人間〟である。

だが、かつて会社人間であった友人が、二人ともリタイア後、ときどき飲んだり、旅行に行ったりする仲なら微笑ましい。長続きするかもしれない。

第2章

60歳からの老いる作法

体に染みついたものは何かを考える

第二の人生を迎える年齢になったら、一度はしておくといいと思うことがある。それは、自分のそれまでの人生の〝棚卸《たなおろ》し〟だ。

六十代と言えば、どう考えても「いい年」である。昔なら、いつ死んだっておかしくない年齢だ。だが、いまは六十代の死は「早死《はやじに》」の部類に入る。

また、六十代は第二の人生の開始世代でもある。平均余命から言えば、これから少なくとも二十年、長い人は三十年以上の時間が残されている。

この時間を充実させるためには、一度、いままでの来《こ》し方、前半生を総括してみる必要があると思うのだ。

どこがよかったか。

どこが間違っていたか。

自分はどんな性格の人間なのか。

自分の持ち味は何なのか。

自分自身の〝棚卸し〟をすれば、いろいろなことが見えてくる。

ジョン・クレアというイギリスの詩人が、こう言っている。

「もし生涯の第二版があるなら、私は校正をしたい」

この時代、平均寿命が短かったから、そんなことは望外のことだった。だが、いまのような長寿社会はそれができるのだ。だから、やらないのはもったいない。

では、どうやればいいか。自己啓発などでよく使われる手法に、「自分の長所と短所を書き出す」というのがある。それぞれ二、三十項目くらいをフリーハンドで書き出してみる。すると、ふだん自分が漠然と感じている自己像とは別の自分が浮かび上がってくる。これが〝棚卸し〟ということだ。

「自分は仕事の面ではデキる人間だが、人づきあいはいまいちだ。理由は他人にズケズケ言いすぎるからだ」

「おれって、結局、集団のなかでは全然目立たないキャラクターだな。でも、それが居心地がいいのだから仕方がない」

「もっと颯爽《さっそう》とした人生を送りたかったが、ダサい前半戦だったなあ。なぜだろうか。おれには執着心が足りなかったのだ」

やり方は自由だが、徹底的に自己分析して、できるだけ客観的な「自己像」をあぶりだしてみるのだ。参考までに、指標になりそうな性格類型を紹介しておこう。

- 理論志向型……知識、合理性を重視するタイプ
- 経済志向型……お金やモノに価値を見出すタイプ
- 審美志向型……美意識に価値を見出し、感覚を大切にするタイプ
- 宗教志向型……道徳的、博愛的、特定宗教の教義にのめり込むタイプ
- 権力志向型……他人を支配し、命令することを好むタイプ
- 社会志向型……福祉や他人のために役立つことに関心と興味を抱くタイプ

シュプランガーというドイツの心理学者がつくったものだが、こういうものを拠りどころに自己分析して、自分の体に染みついたものは何なのかを考えてみるといい。

私は出版人として生きてきたから、いつも仕事として念頭にあるのは「本の企画」である。目線の出所もいつもそこからだ。おそらく誰にもそれがあるに違いない。職人には職人の、サラリーマンにはサラリーマンの、体に染みついた何かがきっとあるはずだ。

それがよくも悪くも、あなたの自己像を形成している。もし、それが自分で納得のいくものなら、これからの人生でも大切にすればいい。よくないと感じたら、捨てるなり改めるなりすればいい。これがまさにクレアが望んだ「人生の校正」である。

そういう総括をしたうえで、第二の人生を歩み出せば、以前よりも悔いのない人生が送れるはずだ。

「高みの見物」発想をしてみよう

人生には、「高みの見物」という生き方もある。サラリーマン人生ではやりにくいだろうが、リタイア後の第二幕なら誰にも遠慮はいらない。そういう人生を生きてみるのもおもしろいのではないだろうか。

人生は、よくドラマにたとえられる。この場合は、主役はたいてい自分だ。人生ドラマで自分はどう生き、どう過ごしてきたかという立場だ。そのドラマの参加者には、いろいろな人たちがいる。みんなが演技者というわけだ。

「あなたの人生シナリオを書いてみましょう」

こういうことが言われるのは、演技者を前提としての話だ。ただ、人生ドラマの特徴は、自分でシナリオを書き、自分で演出し、自分で演技もする「一人三役」であること。それが人生を生きる楽しみでもある。

だが、「高みの見物」というのは、まったく違った発想である。この世に生きているかぎり、人間社会の一員としてドラマを演じる立場は変わらないが、そんな自分は極小の存在にして、この世の壮大な人生ドラマのまったく客観的な観客になる生き方だ。

私たちは、映画や芝居を見るためにお金を払う。だが、人生ドラマの高みの見物には、木戸銭はいらない。ただで見られる。毎日、世の中で起きることを、格別の興味をもって眺めてみる。新聞、テレビをはじめ、インターネットやSNS、その他あらゆる情報媒体を駆使すれば、世界で何が起こっているか、ほとんどリアルタイムに知ることができる。

そうしたなかから、自分が興味のあるテーマにチャンネルを合わせて、「さて、この続きはどうなるかな」と世の中を徹底的に楽しむのだ。株が大暴落する。当事者にとっては悲劇かもしれないが、観客だからおもしろがれる。「はたして、どうなるか？」と興味津々でもある。

ひとたび、この立場に立ってみると、人間がどんなに愚かな存在であり、どんなに崇高《すうこう》な存在であり、どんなに卑《いや》しい存在であり、どんなに愛すべき存在であるかがわかってくる。この楽しみはシェークスピア劇の比ではない。

「乞食《こじき》は三日やったらやめられない」というが、人生の高みの見物もおもしろくてやめられなくなる。こういう説明をしていると、なんだか無責任でいいかげんな人間のように思えてくるかもしれない。だが、そうではない。

哲学者を思い浮かべてみるといい。彼らは何をしているか。いまここで述べたようなことをしているのである。人間を観察する。そして人間とは何か、どう生きるべきなのかを人に語り、文章にする。哲学者の本性は、人生の高みの見物人にほかならない。

では、作家や小説家という人種はどうか。これも哲学者と似たようなものだ。「哲学者は挫折した文学者」と言う人がいる。そうなら、「文学者は挫折した哲学者」とも言える。どちらがどちらか私にはわからない。ただ、両者とも人生を見物していることだけは確かだ。自分自身はもちろん、つねに客観的に物事を見つめていく姿勢である。

私のすすめる「高みの見物」発想は、べつに人に語らず、文章にせず、小説にもしない。ただ眺めているだけ。眺めておもしろがる。この人生には飽きるということがない。第二の人生にはとくに何をしなければならないという義務がない。それゆえ、こんな人生を生きてみるのもいいではないか。

こんな楽しみを知っている人は、みずから語らないだけで、世の中に意外に多いのではないだろうか。

「いつも上機嫌」を心がける

常日ごろから、「いつも上機嫌でありたい」と思っている。生きていると、不快なこともある。腹の立つことにも遭遇する。そのとき、それなりの反応をするのが自然と言えば自然だが、ストレスがたまりやすい。

よく「笑えないときでも笑ったほうがいい」と言われるが、たしかにそうかもしれない。だが、これを実践するには、いつも上機嫌であることがいちばんなのだ。

「上機嫌であることが最高の健康法であり、最高に人生を楽しむ秘訣である」

こう言ったのは、フランスの有名な警句家アランである。

これを知ったとき、私は、「なるほど」と思った。問題は、実際にそういつもいつも上機嫌でいられないことだ。たとえば、人と約束したのにすっぽかされたら、不愉快にならない人はいない。上機嫌でいたかったのに、「お前のせいで台無しだ」と言いたくもなる。

メールを送ったのに、いつまでたっても返事が来ない。内容からいって、絶対に返事が来るはずなのに来ない。ケシカラン！

この二つには共通項がある。「べき論」という共通項である。約束の時間には来るべきだ。時間どおりに来られないなら、その旨、事前に知らせるべきである。それもしないですっぽかすとは何事か。

メールにはさっさと返事をよこすべきである。まして返事待ちのメールである。それをしないで放っておくとは何事か。これが「ふつうの反応だ」と信じて疑わない。

だが、これらすべては自分の側の理屈である。相手にどんな事情があるかを考えていない。そういうときには、もう少し違った角度から考えられないだろうか。

「来られないのは、何か事情が生じたのだ」

「メールを返せない理由がきっとあるんだ」

相手の立場になってみる、とはよく言われることだ。だから、そんなときは「自分にはうかがい知れない何かがあるんだろう」と思ってみる。そうすれば、そんなに不愉快にならなくてもすむのではないか。

現代人の反応は、よくも悪くも条件反射的であることが多い。こういうときはこういう態度をとる……マニュアルのように、パターンをいっぱい頭に入れていて、それに合致する出来事が起きると、決まった反応をする。それでは、とうてい「いつも上機嫌」ではいられない。

若いうちはともかく、いい年になったら、なんでもかんでも、条件反射で反応するのはやめようではないか。それが年の功というものだ。

「泣きたければ、泣いてみろ。もし一年中泣いていられるほど泣けたら、それは立派な涙だ。……ちょいと喧嘩して、ちょいと泣いて、すぐ泣いたことは忘れる、というのはだらしがない」（幸田露伴）

作家の幸田文さんは、父親からこう教育されたと語っている。

これは、「条件反射でたやすく反応するな」ということではないか。

いつも上機嫌でいる最大のコツは、「上機嫌であろう」と決心することである。その決心だけをもちつづけていればいい。そうすれば、どんなときも上機嫌でいられる。

生活をダウンサイジングせよ

山登りをするときは、年齢や体力などによってリュックサックの重さを調節する。年をとってきたら、生活にもこの発想を取り入れることが大切だ。

要するに、生活のダウンサイジング（小型化）ということを考える。話題になった「断捨離《だんしゃり》」でもいい。それをしてはじめて、第二の人生が身軽になり、充実したものになるのではないか。

ところが、いま六十代くらいの人は、意外にこのことに気がついていない。何でもいままでの延長線上で考えてしまい、「収入がなくなったりすると大変だ」と悩む。そんなことはわかっていたはずだ。なかでもこの金銭的な悩みは、老後の悩みの最たるものに違いない。

総務省の「家計調査報告」（二〇二二年）によれば、六十代の消費支出額（二人以上世帯、平均値）は、約三〇万円である。子どもが巣立って夫婦二人でつましく暮らしても、これくらいはかかるということだ。

年金だけでこの水準を守れる人はそう多くない。先の調査で六十五歳以上の夫婦のみの無職世帯の収入を見ると、年金など社会保障給付は約二二万円である。そのほかの収入が約二万六〇〇〇円加わるが、トータルでは赤字になる。

問題は、この赤字部分の補塡《ほてん》をどうするかである。ふつうは貯金や退職金を取り崩すだろう。だが、退職金が少ない人や貯金をあまりしてこなかった人は、相当切りつめた生活を強《し》いられる。この現実を寿命と絡めて考えてみると、以下のようになる。

二〇二二年時点での六十歳男性の平均余命は約二十四年である。手持ち資金がかなりあるならば、六十代でリタイアして以後働かなくても、ぎりぎりのところで帳尻が合うかもしれない。

だが、女性の場合はそうはいかない。六十歳女性の平均余命は約二十九年である。しかも夫の死後は、年金収入が半減するケースも多い。ということは、妻の老後の経済生活は破綻する可能性がある……。

たしかに計算上はこのようになるが、この数字はあくまでも、「いまの生活レベル」を維持しつづけることを前提にしている。

したがって、生活のダウンサイジングは、定年になったら必須条件である。では、どうするか。問題は簡単ではないか。赤字が出るなら、老後の生活をその分ダウンサイジングすればいい。やってできないことではない。家計支出項目の食費、住居費、光熱・水道費、家具・家事用品費、被服および履物費、保健医療費、交通・通信費、教養娯楽費など、すべての面で洗い直していけば、かなりの節約ができるはずだ。

先の「家計調査報告」によれば、六十五歳以上の夫婦のみの無職世帯の月間食料費は約六万八〇〇〇円である。この数字が多いか少ないかと言えば、はっきり言って多い。現役世代と、あまり変わらないからだ。ほかの支出項目も同じようなもので、ダウンサイジングの発想がまったく見られない。ダウンサイジングとは、たんに「切りつめる」ということではなく、知らずに身につけてしまった生活のムダやぜいたくを「意図的に見直す」ということだ。

ムダ遣いというと、役人ばかりに目が向きがちだが、個人の家計もじっくり点検してみると、ずいぶんムダをしている。そういうムダを省く一方で、わずかでもいいから収入の道を見つける方法を考えるべきだ。

日本にはまだ年金制度があるからいいが、年金のない国の老人たちはどのような生活をしているのだろうか。

ふつう人間は働けるうちは働いて、老後のためにも貯蓄をしておくのが常識だろう。そんな蓄えさえなく、「年金だけでは生活が苦しい」などと悲鳴をあげるのは、いささか身勝手な生き方と言えないだろうか。

「伝える」をテーマに生きてみる

二〇一〇年に「トイレの神様」という歌がヒットした。NHK紅白歌合戦にまで出場したのだから、大勢の人から共感を呼んだのは間違いない。常識的に考えたら、とうていヒットするとは思えない歌だ。プロはこんな歌はまずつくらない。実際に作詞作曲したのが、無名に近い植村花菜というシンガーソングライターだったのはうなずける。

何度か聴く機会があったが、長すぎて最後まで聴き通したことはまだない。でも、祖母から教わったことを歌にして、これだけの支持を集めるところに、一つの時代風潮を見た気がする。

私たちが育った時代は、おじいちゃん、おばあちゃんが近くにいて、それなりにいろいろ教わったものだ。

ところが、都市化、核家族化が進んで、そういうかたちでの日本文化の伝承が途切れてしまった。いまの人たちはそれを望んでいるのではないか。大人のほうがそれに気づいていないだけなのかもしれない。

過去にも、大人や年長者は若い人たちに向かって、いろいろ教えようとした。しかし、高度成長下の若者たちは聞く耳をもたなかった。一九七〇年代、八〇年代は、若者文化が栄えた時代だ。「大人の言うことなんか聞いてられるか」と、若者たちは暴走した。

このころを境に、大人は若者に向かってものを言うのをやめてしまったようだ。なかには懲りずに言う大人もいたが、あくまで少数派にとどまっていた。そして、いまにいたっている。

だが、時代はめぐる。私たちが気づかなかっただけで、若者たちはいつの間にか、「聞きたがっていた」のである。大人の知恵を知りたがっているのだ。

偉大な業績を上げた人は、以後、後進の育成に力を注ぐものである。人間には伝達本能のようなものがあって、そうしたくなるのがふつうだ。

日本人初のノーベル賞に輝いた湯川秀樹博士の業績は「中間子理論」と誰もが思うだろうが、じつはそれだけではない。後進の育成に情熱を注いで、幾多の英才を世に送り出した。二〇〇八年にノーベル物理学賞を受賞した益川敏英氏もその一人である。

しかし、後進に伝えるのは、なにも偉大な業績を上げた人たちだけにまかせていいものではないだろう。なぜなら、世の中の人は、みんながみんな、そんな偉い業績を上げるわけではないからだ。

無難に平凡に人生を生きていく人たちだって、学びたい、学んだほうがいいことがたくさんあるはず。年を重ねた人間は、自分が経てきた人生から学んだことを、彼らに伝えていく義務があると思う。

高齢になったら、自分が得てきたことを「後進に伝える」という観点から生きてみるのもおもしろいのではないか。たとえば、「私の風姿花伝」と題して、自分の習得したノウハウを教えるとか、小冊子をつくるなどだ。いまはインターネットの時代だから、個人でいかようにも立ち上げられるだろう。

何かを学ぶのも楽しいが、教える人生もまた得がたい充実感を味わえるものである。

六十数年間、生きてきた人生のなかでは、さまざまな紆余曲折《うよきょくせつ》があっただろう。それをこれからの人たちに伝えていけばいい。親戚一同が集まる機会に、甥《おい》や姪《めい》に語るのでもいいではないか。

だが、その際、大切なのは自慢話をしないこと。成功した話よりも、失敗談のほうが喜ばれる。貴重な経験を若い人たちに伝えることは、決してムダにはならないはずだ。

「遅れている」ことを楽しめ

若者というのは何かにつけて、年長者に向かって「遅れている」と言いたがるものだ。年寄りが、「いまどきの若い者は……」と言いたがるのとよく似ている。人によって多少の差はあるが、「遅れている」と言われると、大概ムッとする。ある年齢を過ぎると、この言葉だけは「言われたくない」という気持ちになる。

たしか大学生のころだったと思う。友だちと神社を散策しているとき、付近で遊んでいた小学生から、「おじさん」と話しかけられた。顔には出さなかったが、かなりショックだった覚えがある。この感覚とどこか似た点がある。

「遅れている」は、「もう、あんたたちの時代じゃない」と言われたのと同じだ。自分だけ、人生という長いマラソンレースから脱落していくような切ない感じがある。以前は私もこんな気持ちになったものだが、いまはどうかと言えば、全然平気である。

「川北さん、遅れてますね」

「そうなんだよ。もうおれたちの時代じゃないからな」

自分からスラッとこう言える。なぜかと言えば、「遅れること」を楽しめるようになったからだ。

若者と比較すれば、キーボードの早打ちはできない。スマートフォンの扱いもどこかぎこちない。

だが、それがどうだと言うのか。キーボードが早く打てても、よい文章が書けるわけではない。スマートフォンのさまざまな機能を操れても、私には少しも楽しくない。そんなことで自慢げにふるまうのは、子どもじみている。

スキーがはやっているとき、スキーに興味を示さない人間を、めずらしい生き物に出合ったように見る人間がいた。彼らは流行追随型人間だった。

「みんなやっているのに、君はやらないの。遅れてるな」

このタイプは、百年たっても、同じ見方、同じ生き方をするのだろう。そのとき、そのときの流行を追っかけているにすぎない。

この種の人間を「ランチェ」と言う。「二－八の法則」で名高いパレートが分類した人間類型の一つだ。

ランチェとは、保守的で、型にはまった生き方をよしとする人間だ。サラリーマンで言えば、上からの指示・命令には忠実に従うが、自分から積極的に動く能力には欠けているタイプ。そういう生き方がいけないわけではないが、私はつまらないと思う。

パレートは、ランチェと反対の人間を「スペキュラトゥール」と呼んだ。スペキュレーション（投機）を好むような革新的人間のことだ。

数のうえではランチェが圧倒的に多いが、世の中を動かすのはスペキュラトゥールのほうであることは言うまでもない。

人間社会はつねに変化し、しかも循環性があるから、遅れに遅れていれば、いつの間にか時代の先頭に立っていることだってある。そう思えば、「遅れる」

ことを楽しめるのではないだろうか。

これから「遅れている」と言われたら、素直に受け入れることにしよう。たぶん、それは事実だからだ。

だが、それがまずいことでも、悪いことでもないということを、しっかり頭に刻み込んでおこう。マイペースでやるのがいちばんいい。

「パンドラの函」を開けるな

二〇一一年に発覚した大相撲の八百長問題は、相撲とは別の、とても大切なことを教えてくれた。「パンドラの函《はこ》を開けるな」ということである。

大相撲に八百長があるだろうことは、相撲好きなら誰もが感じていたことだ。七勝七敗で千秋楽《せんしゅうらく》を迎えた力士が、すでに勝ち越している力士から勝星を譲ってもらう場面を見ると、それを記憶しておいて、次の場所の勝ち負け予想の参考にしたものだ。

それを、週刊誌が暴露記事にして正義派ぶったのは、販売部数を伸ばしたいからだ。裁判で敗訴したって元はとれる。言論の自由が保障されている世の中だから、このへんまでは許容範囲内だった。

だが、携帯電話というパンドラの函を開けたことで、後戻りすることができなくなった。考えなければいけないのは、この問題が発覚したことで得した人間は一人もいないということだ。パンドラの函を開けるというのは、そういうことなのだ。個人の人生でも同じである。

美女パンドラが主神ゼウスからもらった、人間のあらゆる災禍《さいか》を閉じ込めた函。よく知られたこの故事も、いままで「他人事」に感じてきた人が多いはずだ。なぜなら、「そんな函、自分はもっていない」と思っていたからである。

ところが、いまはそうではない。誰もがもっているスマートフォンがそれだ。八百長問題は携帯電話のメールの送受信記録から発覚した。あなたのスマートフォンの中身にも、人には知られたくない内容がきっとあるはずだ。

それにしても、スマートフォンは怖い。個人の私生活をリアルタイムで記録しているからだ。話せば中身は残らないが、メールのやりとりは日記をつけているようなもの。削除機能も一〇〇パーセントでないことは周知のとおり。それに削除を忘れることもある。

しかし、私がここで言いたいのは、スマートフォンのことだけではない。年をとってからは、パンドラの函を開けるような言動も慎むべきだ。たとえば、定年退職後、家でゴロゴロしていて、奥さんとケンカになる。売り言葉に買い言葉で、昔のことをほじくり返してなじったりする。

そういうとき、下手に突きつめてケンカをすると、お互いが守ってきた秘密がばれてしまったりする。そうなると、あとが大変だ。お互い知らなければ平和だったものが、思わぬことから離婚劇に発展したりする。

年をとると、人間は気短になるし、「もういいや」と開き直りの気持ちも出てくる。うっかりすると、他人のパンドラの函を開けかねない。あるいは何かの拍子に自分の秘密を打ち明けてしまったりする。それはやめたほうがいい。

第二の人生では、できるだけ過去を振り返らないこと。過去は「食ってしまった飯」のようなもので、もうどうしようもない。過去をくよくよ思い煩《わずら》うのも、パンドラの函を開けるに等しい行為であることを覚えておこう。

第二の人生を充実して過ごすコツは、第一の人生で得た教訓を生かすことである。私たちは、「知らぬが仏のほうがいい」ということを学んだはずだ。

「ありがとう」で生きてみる

言葉には、使って役に立つ言葉と、使うとかえってマイナスの効果を生じる言葉がある。「バカ」とか「最低」などという言葉は、よい場面で使われないし、使った人間が得することもあまりない。

そこへいくと、「ありがとう」という言葉は、使い勝手がいい。いくら使ってもかまわない、よい言葉である。子どもに言葉を教えるなら、まずこの言葉からだと思う。NHKが行った「日本人の好きな言葉」ランキングで、「ありがとう」は一位の地位を占めている。

人に何かしてもらって、うれしいとき、私たちはごく自然な気持ちで「ありがとう」と言う。また、大したことでなくても、日本人は「ありがとう」を言う癖がある。少し使いすぎの感があるが、言って損するわけではないから大いに使えばいい。

方言の「ありがとう」もいい言葉だ。ほとんどの県に固有の「ありがとう」がある。たとえば、「アリガドーゴシ」(青森)、「アリガドガンス」(岩手)、「アリガトナ」(埼玉)など、みんなそれなりの味わいがある。関西地方の「おおきに」もいい。

しかし、なかにはあまり言わない人もいる。

「ありがたいと思ったときは言いますよ。でも、やたら言うのはね。言葉の値打ちが下がる」

一つの理屈だが、薄っぺらな考え方ではないか。「ありがとう」は感謝の言葉、感動の言葉だ。感謝や感動は心の動きで、理屈でどうこう言う話ではない。いちいち「これは感謝すべきかどうか」などと、考えるほうが面倒ではないか。

ある学校で給食のとき、「いただきます」を言わせたら、保護者の一人が、「給食代は払っている。誰かからいただくわけじゃないから、そんなことは言わせるな」とクレームをつけたという。これと似た理屈のような気がする。人間の食は、ほかの動物や植物などの命をいただいているのだ。

歌人の斎藤茂吉が言っている。

「人間はいいものの前では、まず感動したような面持ちをするがいい」

これは覚えておいてよい忠告だと思う。「いいもの」は自分にとってプラスである。自分のためになるものを粗末に扱うな、ということだ。

たとえば、人に注意されたとき、ムッとすることはあっても、「ありがとう」とはなかなか言えるものではない。そんなときでも、無理して言ってみるといい。不愉快な気持ちが、体のなかで何か別のものと反応して、よい物質ができてくる感じがするはずだ。

だが、言わないでいると、不快感や腹立たしさが消えない。「ありがとう」は人の気持ちをよいほうへと導いてくれる魔法の言葉かもしれない。

そこで提案だ。年齢的に六十を過ぎたら、もう何に対しても「ありがとう、ありがとう」で通すというのはどうだろうか。ときには、ふさわしくない場面で言うことがあるかもしれない。それでも、いいではないか。

もう、元はとれた人生だ。感謝、感謝で通せば、少なくとも人を不快にすることはない。それどころか、よい印象をもってもらえる。人が「何かをしてあげたい」と思いたくなる人間になれる。結果的に得するのは自分である。

「土地はある　時間もあるけど　金はなし」

本書の親本が刊行された二〇一一年ごろは、団塊世代がどんどんリタイアしていく時代だった。彼らは私たちの後輩世代だが、高度成長期を経験しているだけに、経済についてはそれなりの知識をもっている。また、バブル景気にも遭遇しているから、投資にも意欲的な人がけっこういた。

だが、経験や知識は、ときに仇《あだ》になる。よくある怪しげな投資話に引っかかっていたのは、この世代ではなかっただろうか。彼らはもっているお金を少しでも増やそうとする本能をもっている。

一説によると、老後資金は夫婦で二〇〇〇万円必要と言われている。これまで貯めた貯金と退職金を合わせて三〇〇〇万円ある人は、一〇〇〇万円の余裕資金ができる。そのお金を少しでも増やそうと投資を考えるのだ。

あるいは、退職金と貯金で一〇〇〇〇万円しかなかったとする。老後を生き抜くには一〇〇〇万円足りない。こういう人も投資で少しでもお金を増やそうとする。こういう習性がある。

かつてはそれが可能だった。だが、いまの時代は、高い経済成長は望めない。それどころか、極度に金融経済に傾いた資本主義が重大な岐路に差しかかっている。

「何よりもいけないのは、退職金をもって『投資したいが、どうしたらいいか』と銀行や郵便局、証券会社の窓口に行くことです。これはカモがネギを背負っていくようなもの」（経済ジャーナリスト、荻原博子氏。『文藝春秋スペシャル』二〇一一年季刊春号）

まったくそのとおりだ。もし老後資金が足りないのなら、いまあるお金を大切にして、あとは地道に稼ぐことを考えたほうがいい。うまい儲け話には絶対に乗らないことだ。

ところで、「土地はある　時間もあるけど　金はなし」というのは、ある銀行の融資広告のキャッチフレーズである。自宅を担保に老後資金を借りる、いわゆる「リバースモーゲージ」をすすめるものだが、老後資金を捻出する最後の手段はこれがいいかもしれない。

近年の経済状況の特徴は「格差」ということである。以前は、「タクシーに乗れば景気がわかる」と言われた。タクシーが儲かっているときは景気がいい。タクシーがダメなときは景気が悪い。だが、この景気判断は過去のものなのだ。

では、いまはどうなっているのか。たとえば、銀座や六本木の特定の高級店は繁盛している。そういう店ばかりまわっていたら、世の中の景気がいいように思えてくる。だが、同じとき、郊外の歓楽街では閑古鳥《かんこどり》が鳴いている。

つまり、景気の指標がまだら模様になっていて、特定のモノサシで全体を判断することができなくなっている。それだけ格差が広がってきているということだ。このような時代に、第二の人生を充実して生きるには、ライフスタイルを変えなければならない。

どう変えるかと言えば、先に述べたように、もし現金が足りないのなら、足りないなりの生活設計をするしかない。

まったくお金のない人は否応なくそうしているが、少し余裕がある人は手持ち資金を活用して増やそうとする。

だが、お金でお金を増やすという発想にこだわりすぎないで、いまある現金を大切にし、少しでも地道に稼ぐことを考えるべきだ。

老老介護は当たり前ではないか

誰だって、自分が年をとって介護を受ける身になりたくはない。同時に、介護する立場にもなりたくない。これが本音だと思う。だがこの先、高齢化が進めば、要介護者は否応なく増えるから、自分がどちらかの境遇になる可能性は小さくない。

この問題について、高齢者はどんな心構えで臨むべきなのか。私は、いまの介護の考え方がよくないのだと思う。たとえば、「老老介護」が増えているが、これを「哀れ」とか「大変」というとらえ方をする人が少なくない。

もしも私が要介護の身となり、妻が介護するようになったら、「奥さん、大変ですね」と世間は同情しきりだろう。逆の場合でも同じである。しかし、よく考えてみれば、これは当然のことではないか。子どもだって、できる範囲で協力して当然である。

つまり、介護は、家族の絆《きずな》の延長線上にある問題なのだ。決して楽なことではないが、介護は家族で看《み》るのが基本だと私は考える。これは障害児をもつ親がしていることと変わらないと思う。自分の身に降りかかった運命《さだめ》から逃げるのは潔くない。嫌でもなんでも、引き受けざるをえない。その覚悟が必要だ。

ただ、家族が老親の介護をするとなると、家族の誰かは働きたくても働けなくなる。そのときは国なり地方自治体から、一定の介護手当てが出るようにできないものか。介護を労働に見立てて報酬を払うのである。なんなら公務員の資格を与えてもいい。そうすれば、家族の負担を軽減でき、前向きに在宅介護に取り組む気にもなるだろう。

次に問題になるのは、介護技術である。一般の人は介護技術がないが、介護手当てをもらう人間は、一定の介護技術を身につけてもらうようにする。具体的には、地域ごとに研修センターをつくって、介護のベテランから教わる。技術を習得するまでの半年なり一年なりは、専門の介護士に補完してもらう。

　こうして一家族に一人、介護技術を習得した者がいるようになれば、あとはその人間が家族に伝えるだけで、在宅介護は継続していけるだろう。

　いまはすぐ介護士に依頼するが、これでは介護技術が広まらない。高齢社会では、すべての国民が介護技術を身につける必要がある。そのためには、中学生あたりから介護技術を必修教科にすることが望ましい。

　さて、肝心の高齢者の心構えだが、これはもう健康に留意して、要介護の身にならないよう心がけるしかない。同時に、いまは大丈夫でも、自分もいつそうなるか誰にもわからないのだから、ボランティアなどを通して、介護の現場には参加するようにしたい。

　自戒をこめて言うのだが、介護、介護と言いながら、健康な人にとって、介護問題はしょせん「他人事」なのである。切実さがないから、金で解決すればいい、あるいは解決できると思っている。そんな考え方では、世界の模範になるような長寿社会を構築することはできない。あとに続くよその国をがっかりさせてはいけないと思う。

認知症の母親を介護した陶芸家の岡上多寿子氏に、自身の体験を綴《つづ》った『千の恩』（木耳社）という本があるそうだ。脚本家の内館牧子さんが、その本の一節を紹介しているのを読んで、ちょっと感激した。その一節にこうあった。

「人はこの世にいてこそ。その笑顔、その言葉、そのまなざし、その温みまで『この世にいてこそ』です。姿が在るということを、重く受け止めることがどれだけ大切か思い知らされました」

認知症の母親を介護しつづける著者は、さぞかし大変だろうことは察する。片時も目を離せないこともあるかもしれない。しかし、そんな母親の、ときどき見せる笑顔、ちょっとした言葉――それは母親が生きているからこそなのだ、という人間味あふれる文章なのだ。

高齢社会であるかぎり、親や伴侶《はんりょ》がいるかぎり、介護は誰にでも可能性のあることである。

目標をつくることの大切さ

「あなたは人生設計をしていますか」という問いに、「考えていない」と答えた人が五五パーセント弱もいたというアンケートの調査結果がある（第一生命経済研究所調べ）。理由は、「現在の生活だけで精一杯だから」が全体の六割強を占め、あとは「考えてもしょうがないから」「何をしていいかわからないから」という回答が続いている。

現在の経済状況のきびしさを反映していると指摘する識者もいるが、必ずしもそうとばかりは言えないのではないか。私は日本人の楽天性の表れでもあると思う。「宵越《よいご》しの銭はもたぬ」といった江戸っ子的な楽天的な生き方が、いまも健在なのだろう。

ある青年は父親から、「お前は官僚を経て政治家になれ」と言われ、素直に従って勉強に励んだ。これも一つの人生設計だが、受験に失敗、挫折した。だが、いまは事業を起こして成功している。

人生設計も大切だが、それ以上に必要なのは目標だと思う。空港から飛び立つ飛行機には必ず目的地がある。港を出る船も同じだ。これと同じで、人間も生きていくには何か目標が必要なのである。

第二の人生も、目標をもったほうがいい。目標がないと人間は知らず知らずに、いいかげんになっていくからだ。逆に、確固とした目標をもてば、人は自然にその方向へと動き出す。人の心の奥底には、無意識の目的達成本能のようなものがあるからだ。

ここで、一つ困った問題が生じる。それは、「もう、いいじゃん。面倒くさい」という気持ちになりやすいことだ。若いときはともかく、年をとってくると、ひととおりのことは経験してきているから、いまさらの感が出てきてしまうのだ。

「面倒くさいことは考えないで、気楽に生きたいよ」

だが、目標という言葉を堅苦しく考える必要はない。他人が聞いたら笑ってしまうような目標でもいいから、私は「もつほうがいい」と言いたい。

元ボクシング世界ヘビー級王者マイク・タイソンの目標は、「余生をハトに捧げる」ことである。ボクシングは強かったが、レイプ事件などで転落の人生を送るはめになったタイソンは、悔い改めてハトとともに人生を生き直しているのだ。

ハトと生きる。「それって何？」と思う人がいるだろう。彼のハトとは、伝書鳩レースのことである。彼は少年時代、ハトを飼っていた。そのハトをギャング団に殺されて激怒した彼は、相手を殴り倒した。そのとき、ボクシングの才能を認められたのだ。

タイソンにとっては余生をかけるに値する目標なのだろうが、他人は何の興味も感じないだろう。タイソン自身が言っている。

「派手な人生を送ってきたオレだが、いまはこのハトひと筋さ。イカれてると言う人もいるだろうが、これはオレのすべきことなんだ」

人生でいちばん楽しいことは、目標をもって、それに向かって努力することである。第二の人生を充実させるには目標が不可欠なのだ。このことは、イギリスの思想家カーライルの「目標がないくらいなら、邪悪な目標でもあったほうがいい」という言葉からも明白である。

ハトでも何でもいい。いまからでも遅くないから、ぜひ目標をもつことをおすすめする。

ペットは安易に飼うなかれ

相変わらずのペットブームだが、結論から言うと、高齢者は安易に飼わないほうがいい。わが家では数年前、十七年間私たち夫婦の伴侶だった愛犬が亡くなった。長年飼っていただけに、いなくなるとやっぱり寂しい。だが、次を飼うのは控えている。

ペットは飼いはじめたら、最後まで面倒を見るのが飼い主の義務だ。だが、これから飼うとなると、面倒を見きれる自信がない。もしペットより先に自分が亡くなって、次の飼い主が見つからなければ、殺処分にされてしまう。そういうペットが年々増加している。

「たかがペットじゃないか」と思う人もいるだろうが、飼ってみると家族同然になる。少しでも自分と縁を結んだペットを、そんな目にあわせたくない。人間とは違うが、尊い命をもった動物である。飼うからには、きちんと最後まで面倒を見てやらなければならない。

犬はふつう十年以上生きるから、飼うならそれなりの覚悟が必要だ。昔は放し飼いができたが、いまは無理だから、散歩という手間がかかる。排便の世話もある。好きでなければ、すごい負担を感じるはずだ。

また、狂犬病の予防注射とか、区役所へ届けて鑑札をもらう手間もかかる。病気で獣医に診せるとけっこうな治療代をとられる。餌《えさ》代もバカにならない。犬一頭飼うとなれば、年間二、三〇万円は計上する必要があるだろう。幼児一人を預かって面倒を見るくらいの気構えでないと、とても飼えない。

犬と比べて猫は散歩の手間がないぶん、少し楽である。だが、最近は外に出さない飼い主もいる。そうなると、けっこう手間がかかる。放し飼いの場合は、メス猫だと子どもを産むのが厄介《やっかい》だ。不妊手術が常識になりつつあるが、しなければ年に二回産むから、この手間が大変である。保健所へもっていくと、一定期間は里親探しをしてくれるが、もらい手がなければこれも殺処分。

こういう現実を知ったうえで、ペットは飼うべきだろう。

近年はペットも多様化して、犬や猫以外にウサギやフェレットを飼う人もけっこういる。また、爬虫《はちゅう》類などの変わったペットを飼う人もいる。何を飼うかは個人の自由だが、よく考えずに飼いはじめて、面倒だからと放置したり捨てたりするようなことは絶対にやめてほしい。

ペットの癒《いや》し効果は想像以上に大きい、と言われている。ペットがいるだけで、夫婦別れしないですんでいるという話も聞く。この先、一人暮らしが増えると、ペットに癒しを求める人はさらに増えるだろう。

また、賃貸マンションなどは「ペット不可」が常識だったが、近ごろは「ペット可」をウリにするところも少なくない。この流れは続くだろうから、ペットが飼いやすくなっているのは間違いない。

基本的にはよいことだと思うが、その結果、無責任な飼い主が増えて、ペット受難の世の中にならないよう祈りたい。どんなペットであれ、「最後まで面倒を見られるか」を見極めてからにすべきであることを強調しておきたい。

子どもをアテにしないで生きる

いま、日本の親子同居率は、どんどん低下している。一九八〇年代は七〇パーセントを超えていたが、九九年に五割を切り、以後じりじりと下降を続けている。

核家族化が進んだ結果起きた当然の帰結だが、必ずしも悪いこととは思わない。日本は伝統的に家族の絆が強い国民性だが、アメリカなどではずっと前から、成人したら親と子は別々に暮らすのがふつうである。親が年をとっても、それは変わらない。子どもはそれが当たり前だと思っている。生物界の掟《おきて》から見れば、こちらのほうが自然である。

日本でも、子どもが成人して収入を得るようになったら、たとえ安アパートでもいいから、独立して生活をすべきだろう。独立組は生活のすべてを自分でやらなければならないから、親元から通う組と比べて、生き方もしっかりしてくるものだ。

親にとって、子どもは自分の続きのようなものだ。親は子どもを産んで育てて、世の中に送り出す。そして、古びた自分は消え、新しい自分が生きつづけていく。その繰り返しである。大切なことは、誰もが視線を未来という前方に向けなければならないことだ。そうでなければ、生命はつながっていかない。

ここで、老親の面倒をどう見るかという問題が生じてくる。子どもには育ててもらった恩があるから、返したいと思うのは自然な感情だ。

ただ、注意すべきは、親孝行とは、後ろを振り返ることだ、という事実である。親が苦労して育て、子どもがその恩を返すだけなら、「行って来い」で終わる。こだわると自己完結で終わってしまい、先へ進めなくなる。

親孝行は立派なことだが、いきすぎてはいけない。子どもの未来をとるか親の未来をとるか、二者択一を迫られたら、子どもをとるのが正解だろう。その意味で、親子の同居率が減るのは、あながち悪いことではないと思う。

近ごろは、親の子に対する考え方も変わってきた。以前は親孝行の子を自慢し、財産はできるだけ子どもに残そうとした。孫に会いたがり、親のほうも同居したがった。四十年前は、十人に七人の親は、子と同居していたのだ。いまは、さして同居を望まないばかりか、孫にも「たまに会えればいい」、財産は「自分で使いきる」という人が増えてきている。アメリカ型に近づいてきたわけだが、これでいいのである。

これからの親は、子どもに頼らず、自立して生きることを考えるべきだ。子どもをアテにしてはいけない。まして〝親っ風〟を吹かせて、親孝行を要求するなど論外である。いまの親は、年金と持ち家と退職金で自分たちの人生を完了させるべきだろう。

財産はお金ばかりでもない。「無形の遺産をたくさんもらった」。脚本家の倉本聰氏の言葉だ。親がイキイキと老後を楽しく生きれば、その姿もまた子どもへの遺産となるだろう。「親も元気で留守がいい」もありかもしれない。

自分流を貫け

年寄りは頑固というが、頑固にも効用がある。

おもしろい心理学の実験がある。大きさ、色、形が違うカードを六十四枚用意し、一枚ずつ提示して、三つの要素のどれかで答えてもらう。赤くて大きい三角形のカードなら、「赤」「大きい」「三角」のいずれかで答える。

この実験は、数名ずつのグループに分かれて行われるが、どこかの組にサクラを入れておく。サクラの人は、一貫して一つの要素で答える。たとえば、「どんなカードも色で答える」と決めてあれば、「赤」「青」「黒」というように色でしか答えない。

これで、何がわかるか。サクラが混じっていないグループは色で答えたり、形で答えたり、大きさで答えたりと、回答はバラつく。ところが、サクラが混じったグループは、サクラの一貫した回答に影響されて、同じような答えをする人が増える。

これは、どういうことか。一人の頑固者がいると、小集団はその頑固者の影響を強く受けるということだ。ここに頑固者の一つの効用がある。

人間、年をとったら、頑固な気持ちが自然に出てくる。作家の渡辺淳一氏は、七十七歳を迎えたとき、次の一句を詠《よ》んだ。

喜寿《きじゅ》という身勝手山に登りけり

どういう心境か。

「それにしても、ここまで来ると、もはや『頑張って前向きに』とか、『謙虚に誠実に』などといった、もっともらしい言葉は一切浮かんでこない。そして『勝手にしやがれ』『どうとでもなれ』『俺は俺だ』といった身勝手な自己中の言葉ばかり」

この気持ち、わかる。たぶん、賛同者も大勢いると思う。みんなとは言わないが、かなりの人が身勝手山の住人になりたい、と思っているはずである。

還暦を過ぎた私の友人に、いまだにインターネットもやらなければ、スマートフォンももたない男がいる。時代遅れもいいところだが、「もうここまで来たら、この線で行くしかない」と開き直っている。まだ現役だから、周囲は困ることもあるが、こちらが合わせるしかない。

老後でいちばん大切なことは、一人で暮らすノウハウである。老後の始まりは配偶者との二人暮らしだろうが、いずれは一人になる。一人暮らしを充実させるためには、人に干渉されないのがいちばんだ。世の中にはおせっかいな人間もいるから、「この人は頑固者だから」と思わせておいたほうが、こちらが楽なのである。

そのためには、好みや性格に合った自分流の暮らし方を確立することだ。そうすれば、ストレスもなく、快適に生きられる。多少、人から疎《うと》まれても、そんなことは気にしない。「身勝手山の住人」だと言えばいいのだ。

他人に迷惑さえかけなければ、それがいちばんいい。

第3章

まだ枯れるには早すぎる

孤立だけはしてはいけない

年をとってきたら、できるだけ孤立するのは避けたい。近ごろ、「何々とつながっている」という言葉がはやっている。無意味な言葉で、語感もよくないので好きではないが、高齢者はできるだけ社会とつながっていたほうがいい。

そのためには、何が必要か。どんなかたちでもいいから、人の役に立つことを考えてみることだ。現役のときと違って、リタイア後は、それが難しいと思うかもしれない。だが、人のために役立とうという気持ちがあれば、必ず何か見つかるものだ。

暑いインドでは、旅行者のそばに立って日陰をつくり、日差しをさえぎることで、わずかなお金をもらう商売があるそうだ。

ネパールでは、道端に佇《たたず》んで、馬車の行き交いでできた深い轍《わだち》の跡を平らにしている老人がいる。あとから来る馬車が、前の馬車がつくった轍にはまって転倒しないようにするためである。何ももたない老人でも、こうやって世の中の役に立とうとしている。

これを考えたら、「人の役に立つこと、世の中の役に立つことなんか、自分にはもうできない」などと、口が裂けても言えないのではないか。そう思ったとしたら、それはただ「やる気がない」だけである。

日本人は謙譲の美徳を尊ぶ。これはよいことだが、その結果、できることをしない傾向がある。

「他人に迷惑をかけてはいけない」

親は子によくこう教えるが、良し悪しだ。あまりこれを言いすぎると、他人に何もしない消極人間をつくってしまう恐れがある。

リタイア年齢になれば、それまでの人生から学んだものがたくさんあるはず。それを誰かに伝えることでもいい。ただ、どうやって伝えるか、その手段が見つからないかもしれない。いまはそういう人たちを集めて支援する組織もある。

たとえば、東京に本拠を置くNPO法人「新現役ネット」。この組織は中高年世代の経験や知識を生かし、社会に還元することを目的に発足したものだ。定年退職して技能をもっているのに、伝える手段をもたない人たちの後押しをしようという組織である。こういう組織に参加するのもいい。

また、いまはIT社会である。単独でインターネットを活用して、自分の得意なことを「教える」のもいいだろう。

リタイア後、おいしい水に興味をもち、自分の家に浄水器を備えつけた人がいた。それをきっかけに水に関する情報を集めはじめ、世界の水事情の危機を知って、水に関するサイトを立ち上げたそうだ。

孤立を避けるためのキーワードは「伝えること」、人の役に立つことだ。と同時に、みずからが新しい知識を吸収することで、「教える」という立場にも立てる。だてに年を食っているわけではないだろう。

孤高はいいが、孤立してはいけない。

「孤舟族」になるのは自業自得

ただ一艘だけ浮かんでいる舟を「孤舟」というそうだ。この言葉をタイトルにした渡辺淳一氏の話題作『孤舟』（集英社）を読んだ。定年後のサラリーマンの生きにくさがよく描かれていた。

大手広告代理店の執行役員にまでなった主人公は、子会社への出向を蹴《け》って六十歳でリタイアした。自宅で何もすることがないまま日々を過ごす。妻のほうは、やれ趣味の会だ、友だちとランチだ、お芝居だのと言って出かけ、夫の相手などする気はない。

やがて妻が習い事や友人と出かけると、「どこへ行く？」「誰と行く？」「何時に帰ってくる？」などと、いちいちうるさいことを言うようになる。それでいて、なかなかにワンマンな彼は、家庭のことはほとんど何もやらない。外へ出てもけっこう偉そうな態度をとる。

そんな夫に嫌気が差して、妻は娘のところへ出ていってしまう。離婚ではないが、一時別居のかたちになる。彼は仕方なく家事や犬の散歩を自分でするようになる。そのうち、デートクラブで知り合った二十代の女性に家事などを手伝ってもらうようになるが、肉体関係にまでは進まない。そこまでの度胸はなさそうだ。

まさに「孤舟」のような存在、というわけだが、似たような日々を送っている〝孤舟族〟は大勢いるに違いない。

何もすることがない、というのは誰からも期待されないことだ。それが本人にわかっていない。まだ現役時代と同じように、社会的地位や肩書が通用すると思っている。大いなる錯覚なのだ。それが端的に表れるのが、ガクンと減る年賀状の枚数だ。世の中は現金なもので、仕事上のつきあいがなくなると、とたんに「もういいや」と住所録から削除されてしまう。

お中元やお歳暮の数もめっきり少なくなる。とくにサラリーマン時代に偉かった人ほど、その落差を体験して愕然《がくぜん》とするらしい。こんな孤舟族にならないためには、何が必要か。

何よりもまず夫婦関係を見直すことである。現役時代とリタイア後では、夫婦のあり方が同じではないからだ。現役時代の夫は「働く」のが役目であり、妻はそんな夫を家にいて「支える」のが役目だ。

だが、リタイア後の夫婦には、そんな区分はなくなる。なのに夫のほうはそれが理解できず、現役時代と変わらない役割を妻に求めがち。決まった時間に食事ができていないことにいらだち、妻が外出すると「こんな遅くまで、どこをほっつき歩いているんだ」などと文句を言う。

リタイアしても、夫の側に「おれが働いて食わせてきた」という意識が残っているからだろうが、それは大きな間違いだ。妻が家にいて家事をきちんとやってくれたから、後顧《こうこ》の憂《うれ》いなく働けたのであって、どちらが偉いというものではない。少なくとも、夫はそういうとらえ方をすべきだろう。

内助の功に感謝する気持ちが大切だ。そうすれば妻も、「あなた、お疲れさま」という気持ちになり、そこから新しい夫婦の関係が始まる。夫婦は対等でお互いに尊敬し合うのが理想なのだ。

どんなに仲のいい夫婦でも、いずれどちらかが先に逝《い》って一人暮らしになる。そこまで見据えて、その準備を夫婦でしておくことも肝心だ。そのほうが間違いなくよい関係が築けるはずだ。

なぜなら、「別れは人を緊張させる。そして別れが近づくにつれてすべての印象は急に鮮明に、そして意義深いものの如き様子をする」（武田泰淳）という心理的なメカニズムが働くからだ。こうした努力をしようともせず、退職後もいままでどおりに生きて孤舟族になる男は自業自得と言うしかない。

定年退職というのは、現役時代にあった社名や肩書、そして仕事上の人間関係などがすべてなくなり、まったくの「素」の人間になることだと、しっかり心しておくことだ。この格差は想像していたより過酷なものである。

夫婦の絆を長続きさせるには

定年後の夫と妻との関係は重要だ。これがうまくいかないと、第二の人生は悲惨になる。夫婦の絆を壊さないためにはどうすればいいか。

結論から言えば、私は、「夫のほうが変わるべきだ」と思う。なぜかと言うと、リタイア後の夫の居場所は自分の家で、会社ではないからだ。その家を長年管理してきたのは妻なのだから、夫は妻に「一歩譲る」という態度で臨まなければならない。

団塊世代のリタイアが始まってから生まれた新語に、「主人在宅ストレス症候群」というのがある。いままでは仕事で朝から晩まで不在だった夫が、終日家にいる。しかも、家にいても家事はやってくれない。

おかげで、以前は二度ですんだ食事を三度もつくらなければならない。これでは、近所の奥さんと買い物がてらのダベリすら思うにまかせない。息抜きに出かけようとすると、「どこへ行く?」「帰りは何時になる?」「おれの飯は?」と偉そうに聞いてくる。

そのたびに妻はイライラしっぱなし……こういう状態が高じると、熟年離婚に発展する。そこまでいかなくても、一時別居や冷戦状態は免《まぬが》れないだろう。

「うちは七年前から家庭内離婚だから」

知り合いの六十代後半の主婦がこう言ったので、どんな生活ぶりか少し聞いてみた。

「食事はどうしているの?」

「夕食だけはつくってあげる。そう約束したから。ただし食べるのは別々」

「ご主人、朝食と昼飯はどうしているのかな」

「パンとか惣菜とか、自分で買ってきて食べているみたい」

彼女のご主人はリタイア後、パソコンでささやかなビジネスを始めていて、書斎にこもっていることが多いそうだ。それをいいことに彼女のほうは、毎日あちこち遊びまわっている。子ども二人は独立して夫婦二人きり。以前は仲のよい夫婦に見えた。この冷戦、ご主人の定年退職がきっかけだったことだけは確かだ。

どんな事情でそうなったのかくわしくは知らないので、処方箋《しょほうせん》の出しようもないが、一つ言えることは、夫婦のあいだでお互いにリスペクトがなくなったとき、夫婦の絆は切れるということ。

リスペクトに関しては、こういう話がある。

ずいぶん昔のことだが、ほとんどだまされたように嫁いできた女性がいた。嫁ぐ前とまるで話が違っていたのだ。事情を知った親元は娘を取り返そうと、ニセ電報を打った。

「ハハキトク、スグカエレ」

電報を受け取った亭主の父親は、嫁の親の魂胆《こんたん》をすぐに見抜いた。だが、何も言わずに嫁に電報を渡した。どうするか嫁の判断にまかせるつもりだった。亭主は留守。嫁はすぐに帰り支度を始めた。

だが、いよいよ出発する段になって、嫁の心に迷いが生じた。

「自分はだまされて嫁に来た。だが、だますのも無理はない。誰も夫の嫁になりたがらないからだ。夫は村のために、自分を捨ててがんばっている人だ。当然、嫁の立場も過酷。とても耐えきれる自信はない。だが自分が去ったら、夫はどうなるのか」

彼女はその電報を破り捨てて家に残った。逃げ出したいほどつらい境遇でも、ただ一点、「夫を尊敬できる」ということだけで、夫婦の絆は切れなかったのだ。

現役時代と定年後で、夫婦のあり方は明らかに違ってくる。再構築が必要だ。だが、その前に、夫の退職による妻側のショックを和らげる必要がある。夫がずっと家にいることが、妻にはすごいショックなのだ。

これを乗り越えるには、まず先に夫の側が変わること、これが大前提である。次に、お互いリスペクトを忘れないこと。あとは、あまり干渉しないで、お互いに自由な行動を認め合うこと。この三つをきっちり守れば、夫婦の絆が切れることはない。

セックスへの興味を失うな

十代の若者のあいだで「セックス嫌悪症」が増えているという。十六歳から十九歳の男性でセックスに「関心がない」「嫌悪している」という回答は、合計三六パーセント。二年前の調査より倍増しているという。

夫婦のあいだでも異変は起きている。結婚している男女のうち、過去一カ月、性交渉がなかったとの回答は、男女合わせて約四一パーセントで、この比率が年々高まっているのだ（厚生労働省調べ）。つまり若者は草食系になり、日本の夫婦はセックスレス傾向を強めている。

一方で、こんな情報もある。世界的に有名な男性雑誌『プレイボーイ』の創刊者ヒュー・ヘフナー氏（当時、八十四歳）が、なんと六十歳も年下の女性と結婚したということがあった。氏の二度目の妻も三十六歳年下だったというから、若い女性が好みなのだろうが、六十歳差というのはすごすぎる。アメリカではヘフナー氏が「現役」かどうかが注目の的だったというが、余人と違って名だたるプレイボーイのことだ。本人自身、「バイアグラの力は借りるが現役だ」と言っていた。それは、たぶんほんとうだろう。

高齢社会になって明らかになったことの一つに、「高齢者は意外にセックスしている」ということがある。セックス年齢も高齢化している。いまの六十代、七十代にはバリバリの現役がいくらでもいる。

とはいうものの、年とともにセックス能力は衰えていくものだ。自然の成せるわざだから、無理して抗《あらが》う必要はない。ただ知っておいたほうがよいのは、「セックスへの興味は、高齢者にとって大切な生命エネルギーの供給源である」ということである。

一つ、興味深い話をしよう。アメリカで成功した著名人二万五〇〇〇人を調査したところ、四十歳以前に成功した人はきわめて少なく、大半は五十歳を過ぎてからだった。なぜ、若いときは成功できないのか。

その理由はセックスにある。ありていに言えば、二十代、三十代の若いころはセックスにのめり込み、疲れ果ててしまうからなのだ。五十歳を過ぎて、やっとペース配分をつかむ。それで以後に成功者が輩出する。この観点に立つと、四十代から六十代が「何事かを成す旬《しゅん》」ということになる。

セックスエネルギーは、人間のもつエネルギーでもっとも強いものである。エネルギーは転換が可能だ。セックスエネルギーをセックスそのものでなく仕事に向ければ、より大きな仕事ができる。しかし、それにはセックスエネルギーがあることが前提になる。

人間、六十歳を過ぎれば、若いときと比べてセックスエネルギーは衰える。興味を失えばどんどん衰えていく。興味を失わなければ衰えは少なくてすむ。そのエネルギーをほかのことに振り向ければ、より充実した人生を送れる。

ベートーベンがモテモテ男か女嫌いだったら、多くの傑作は生まれなかっただろう。彼は女性に恋をしてはフラれてばかりいた。おかげでそちらへ使うべきエネルギーを作曲に振り向けることができたのだ。

いくつになっても、セックスへの興味を失わないようにしよう。そうすれば、生命エネルギーの総量が多くなる。「もう無理だから」などと関心をもたなくなると、老化速度が速まるだろう。

七十歳を過ぎても、セックスできなくても、若い女性の肌に触れたいと風俗通いをしている高齢者もいる。それでいいのだ。

日本の若者や夫婦がセックスへの関心を失いつつあることは、日本の将来にとって好ましいことではない。

異性の友だちは元気の素

原因があって結果がある、と言われる。この言葉は、科学的には「刺激と反応」と言い直してもいいのではないか。

リタイアした男性三人が仲よく旅している。気の合った仲間だから、和気藹々《あいあい》、トラブルなんて起きそうもない。ところが、ひょんなことから、若い女の道連れができる。いままで何でもなかった三人の仲が微妙に変わってくる。これが刺激と反応ということである。

女性の多い老人施設に男性の新入りが入居してくると、女性たちは華やいだ様子を見せるようになるという。これも刺激と反応である。

老人施設の百歳老人男性が、かたわらに控えた九十代のおばあさんを指差して、「私はこの人が大好きなんですよ」とインタビュアーに言い、おばあさんが、「まあ、人前で何てことを……」という顔をした光景をテレビで見たことがある。なんとも微笑ましかった。

若いときは、「男は六十、七十になったら枯れるだろう」と勝手に思っていたが、現実は予想とは大きく隔《へだ》たる。刺激と反応という見方をすれば、男も女も死ぬまで反応はある。もちろん個人差はあるが、反応のある人間は間違いなく元気である。

男も六十歳くらいから、老け具合いにかなりはっきりした個人差が出てくる。七十歳になると、さらに格差は大きくなる。同じ年であっても、最大で二十～二十五歳の差がつくのではないか。

見た目とは別に、元気度の格差もある。食欲、性欲、知識欲、行動力、好奇心などで、年齢は同じでも雲泥《うんでい》の差がつく。この差はいかにして生じるか。

「異性の友だちがいるかどうかが大きい」と言われている。

既婚者の場合、男にとって奥さんは異性だが、これはほとんど問題にならない。刺激を受けないのである。人から何かを言われてどう感じるかに関しては、心理学に「アロンソンの不貞の法則」というのがある。

これは、「あなたはすてきだ」という言葉を人から聞かされる場合、身近な人に言われても刺激が少なく、遠い関係にある人に言われるほど強く反応するというものだ。たとえば、家庭の主婦だったら、亭主から「今日の君はすてきだ」と言われるより、たまたま家を訪れた車のセールスマンに言われるほうがトキメクのである。

男も同じだ。妻や娘から本気で「まだ若いわよ」と言われるより、営業トークとわかっていても、キャバクラ嬢から「川北さんて若いのね」と言われるほうがうれしい。そしてそういうとき、体内には若返りホルモンが分泌《ぶんぴつ》し、ほんとうに若返るのだ。

だから、年をとってきたら、男も女も努めて異性の友だちをもつようにしたい。男女のつきあいというと、すぐ真剣に考えたり、構えたりする人がいるが、同性の友だちに接するのと同じ感覚でつきあいはじめればいい。

異性の友だちがなかなか見つからない人は、買い物とか日常の行動のなかで、できるだけ異性と会話をしてみることだ。たとえば、喫茶店やコンビニの若い店員などは格好の練習台になるだろう。

要するに、誰とでも、臆せず構えず自然体で話せるようになること。そうすれば、自分の生活範囲に登場する異性と友だちになるチャンスが自然にめぐってくる。

男性に一つ忠告するとすれば、女性は「分け隔て」にことのほか敏感である。男は誰だって若くてきれいな女性にトキメクが、その内心の気持ちを露骨に態度に出さないことだ。若いうちはまあ仕方がないが、いい年になっても、まだそういう態度が抜けないと、女友だちはなかなかできない。

「友だちの友だちは友だちだ」と思えば、それは簡単にできるはずである。

還暦祝いを復活させよう

満六十歳は還暦である。長寿の祝いの最初に来るものだ。昔は、赤いちゃんちゃんこと座布団、赤烏帽子《えぼし》を贈るのが習わしだった。

いまの六十歳は元気いっぱいで、現役の人も大勢いるから、赤いちゃんちゃんこなど贈ったら、「おれを年寄り扱いする気か」と気分を害されるかもしれない。そのせいか、この習慣はすっかり廃《すた》れてしまった。

五十九歳の誕生日に、娘から、「お父さん、来年は還暦なんだね」と言われた私の知り合いは、ムッとした挙げ句、「以後、カで始まる言葉をおれの前で使うな！」と宣言した。これがとんだ逆効果で、「お父さん、か〜ん詰め食べる？」などと、さんざんからかわれたらしい。

たしかに、いまの時代、赤いちゃんちゃんこはどうかと思うが、還暦そのものには相応の意味があるのだから、新しいコンセプトで復活させたほうがいいのではないか。還暦は本卦還《ほんけがえ》りとも言って、「生まれ変わる」ことを意味している。第二の人生を始めるにあたって、ぴったりの言葉ではないか。

還暦にたどり着いたということは、いわば長寿のパスポートを手に入れたのと同じ。なぜなら、この先の人生では、古希（七十歳）、喜寿（七十七歳）、傘寿《さんじゅ》（八十歳）、米寿《べいじゅ》（八十八歳）、卒寿《そつじゅ》（九十歳）、白寿《はくじゅ》（九十九歳）と長寿祝いが目白押しだからだ。

もしも、白寿までいけるなら、ざっと四十年の年月がある。こう言うと、「とても、とても」とか「貯金がそこまでもちませんよ」などと夢のないことを言う人がいる。こういう態度は、第二の人生を始めるのにふさわしくない。

第一の人生を始めるとき、あなたはどんな始め方をしただろうか。かりに社会人になったときを第一の人生の始まりと考えたら、先のことはまったく五里霧中、あったのは夢や願望だけではなかったか。

そう、人生とは、何の保証もないところから始まるものなのだ。それから四十年、一生懸命働いて、しかるべき地位を得て、家族をつくり、マイホームももった。その間、子育てもして、子どもを世に送り出した。ふつうの人の第一の人生とはこういうものだ。

昔だったら、そこで人生はほぼ終わる。「楽隠居」とか「余生」という言葉はあったが、もう一度人生をやり直すという発想は誰ももたなかった。もてなかったのである。だが、いまはそれがもてる時代になったのだ。まさに六十歳から生き直しの人生ができるのである。

この恩恵を生かさない手はないではないか。しかも、第一の人生を始めるときは、勝手がわからないうえ、親とか貧富の差とか教育など、生育環境にいろいろな制約があった。だが、第二の人生では、会社人間から離れるものの、どう生きるかの勝手がわかっているうえに、もう生育環境に左右されることはない。自分自身の意思によって、まっさらな人生を始められるのだ。

これだけ恵まれた境遇を手に入れているのに、日本人の多くは、「不安だ、不安だ」「どうしよう、どうしよう」とつまらぬ心配ばかりしている。よい条件を与えられた取引が目の前にあるのに、マイナスのことばかり頭に浮かべている。

こんなことになるのも、自分の頭で考えようとしないからだ。自分の頭で考えて行動すれば、たとえ目の前の条件が不利でも、「なんとかなるさ」「がんばって克服する」という気になる。

人間は目の前に困難があっても、一方に希望があれば、希望に賭けることのできる動物だ。人類はそうやって今日まで生きてきた。

私たちも第一の人生ではそうしてきたはず。第二の人生の出発にあたって、そのことを思い出そう。

アンチエイジングというムダ

東京スカイツリーのことが話題になるたびに、「バベルの塔」の故事を思い出す。人間が「天まで届け」を始めるとろくなことにならない。

アンチエイジングというのも、故事にならえば、始皇帝の「不老長寿の薬探し」の現代版といったところだろうが、こんなことに血道《ちみち》を上げていると、ろくなことにならないのではないか。現に病人は少しも減っていない。

知り合いに健康情報やサプリメントにくわしい男がいて、ときどきそちら方面の話を聞くことがある。

「体をいたわることは大切だが、アンチエイジングまでいくと不遜《ふそん》である」

私がこう言うと、

「べつにそんな大げさに考えなくても。若さを保つという意味なんですから」

彼はこう言い訳をした。それならそれで、素直に「若さを保つ」とか「老化防止」と言えばいい。

言葉には一種の魔力がある。たとえば、「そこは危険だから気をつけてくださいね」と言うと、「危険」ばかりが頭に残り、緊張してかえって逆効果なのだ。私の周囲でもサプリメントを山ほど飲んでいる人がいるが、おしなべて不健康な感じがする。

アンチエイジングは気に入らないが、健康に関心がないわけではない。六十歳を超えたら、体の機能はすべて衰える方向へと向かう。その衰えの速度をどこまで遅くするかが、いわゆる老化防止の課題と言えるだろう。

老化防止関係の最新研究で明らかになってきたことは、自然に即したライフスタイルがいかに大切かということだ。簡単に言ってしまえば、「生体リズム」に忠実に従って生きるのが最良の健康法なのである。

そこで、私が知りえた高齢者の健康法を一つ紹介しよう。まず知っておかなければならないのは、人間は一日単位で生きているということである。この一日にはリズムがある。このリズムを「概日周期《サーカディアン》」という。

注意すべきは、サーカディアンリズムを毎日リセットすることだ。それができれば、このリズムを刻む体内時計が正常に働いて、体を最良の状態に保ってくれる。

では、どうやってリセットすればいいのか。以下は、東京女子医科大学名誉教授の大塚邦明氏のアドバイス。

「高齢者は時計遺伝子の働きが落ちていることを自覚し、効率よく体内時計を調整する工夫が必要です。朝には明るい日差しをたっぷり浴び、日中の活動量を少しでも増やす。夜は暗い中で眠るといった規則正しい生活を送ることを心がけてください」（『サンデー毎日』二〇一一年一月十六日号）

いかがだろうか。老化防止はそんなに難しいことではない。要するに、人類が昔からやってきたごくふつうの規則正しい生活を基本とし、あとは食事に気をつけ、なるべく笑って上機嫌に生きる。それだけでいいのである。

いくらサプリメントを服用しても、基本が崩れていては何の足しにもならない。投資するだけムダになる。サプリメントの効果を願うなら、規則正しい生活とセットにして用いることだ。

ただ、現代人は不規則な生活を強いられるときがある。そういう境遇の場合はどうするか。サーカディアンリズムの「毎日リセット」に着目したらいい。できないときは仕方ない。だが、できるときは、サーカディアンリズムに合った規則正しい生活を心がけること。そう心がけていれば、快適な日々が送れるはずである。

身体感覚を取り戻せ

武道を新しく始めたり、高い段位に挑戦したりする中高年の女性が増えているという。それを知って、「女性は本能的に賢いな」と思った。それに男と比べて、オバサンたちは元気である。

年を重ねるにつれて、大切になってくるのは「身体感覚」というものである。身体感覚とは、頭で考えるのではなく、おもに体が訴えてくる感覚のことである。いわゆる五感は、すべて身体感覚と言っていい。

知人が何人かで、標高一〇〇〇メートルの山歩きをしているとき、途中で二つの道の分かれ目に差しかかった。そのとき、一人が「ちょっと遠まわりになるかもしれないが、左のほうがいいよ」とアドバイス。無事に山頂にたどり着いた。あとで知ったのだが、分かれ道の右側はたしかに近道だったが、崖があって、ときどきそこから滑落《かつらく》する登山者がいるとのこと。

こんな危険を察知する感覚も、身体感覚のうちと言っていいかもしれない。あるいは、いくつになっても、美しい女性を見ると「いいな」と思うのも一種の身体感覚である。年を重ねると、五感をはじめ身体感覚はだんだん衰えてくる。これを衰えさせないことが若さを保つ秘訣でもある。

そのためには、できるだけ体を使う必要がある。以前から、「高齢者よ、もっと体を使え」と口を酸《す》っぱくして言っているのが解剖学者の養老孟司さんだ。養老さんは「参勤交代」ということを提唱している。

江戸時代の大名が、自分の領地と将軍お膝元の江戸を、一年ごとに行き来したのにならって、「都会生活者は一年に二、三カ月は、田舎暮らしをするといい」と言うのだ。いいアイデアだと思うが、大きな話題にならないのは、現代人にとって実践が難しいライフスタイルだからだろう。

たしかに、現役時代は難しいだろう。だが、リタイア後の第二の人生なら、やる気になればやれる。ぜひ実行してはどうか。

私たちは体を動かすことを、運動不足を補う程度にしか考えていないが、その効果はそんな限定されたものではないようだ。

年をとると、たまにハイキングに行ったり、軽い登山をしただけで、翌日からしばらく体の節々が痛む。それだけ体を使っていないということだ。ジョギングや散歩、ジム通いなどで補う人もいるが、運動不足は否めない。都会で暮らすだけで、私たちは身体感覚をどんどん衰えさせているのだ。

身体感覚の衰えとは、どんなものか。たとえば、「地面の凸凹、硬軟などを感じなくなることがそうだ」と養老さんは言う。言われてみれば、子ども時代、私は舗装された道と、土の道の硬軟の違いをはっきりと意識していた。

駆けっこをするとき、地面が土か舗装かで走り分けてもいた。土だと軟らかいので思いっきり走れるが、舗装の道は硬いので、「転んだら大事《おおごと》だぞ」という意識があった。こういうのが身体感覚というものだろう。

いまでも雨の日など、私は駅の階段や大理石の床では、滑って転倒しないよう細心の注意を払っている。気持ちは若いが、身体感覚の衰えは自覚しているつもりだ。

身体感覚の衰えは、年齢による衰えだけでなく、都会生活による衰えもある。それを補うには、人工物だらけの都会にいてはダメで、自然の残っている田舎で過ごすことだ、と言う養老さんの意見は理にかなっている。

現実に田舎で暮らすのは大変かもしれないが、旅行に行くにしても、温泉めぐりばかりしていないで、ときにはひなびた田舎へ行って、自然のままの道や山道を歩いてみることだ。身体感覚の衰えが自覚できるはずだ。

登山やハイキングまでしなくても、舗装されていない田舎のたんぼ道を歩くのは体にもいい。

笑って生きよ

男……一時間十六分。

女……二時間四十一分。

この数字は何を表しているか。一日平均の笑顔時間である。住友生命が各一〇〇〇名の男女を無作為抽出して行ったアンケート調査の結果だ。

女性のほうが男性よりよく笑うことは、前々からわかっていたが、こうして数字で示されると、あらためてその差に驚く。一日に平均して、女性は男性の二倍以上の時間を笑って過ごしているのである。

男は笑いに関して、そっけないところがある。笑うきっかけは行きがかり上がほとんどで、日常生活のなかで「笑おう」と努力することなどまずない。

おかしくもないのに無理して笑うこともないが、笑うことの効用は知っておいて損はない。研究によれば、無理してでも笑ったほうが健康にはいいらしい。筑波大学名誉教授の村上和雄氏の説によると、笑うことによって遺伝子のスイッチがオンになり、免疫力も上がるという。

笑いにもいろいろあって、「どうかな」と首を傾げたくなるときもないではない。テレビのお笑い番組などは、悪ふざけやドタバタばかりで、あまりおもしろいとは思わない。逆に、笑いなど関係なさそうな深刻な場面で、けっこう笑えるときがある。

どんなときに笑えるかは、人によって違ってくるだろう。その一つひとつにどうこう言う気はないが、とにかく年をとってきたら、できるだけ上機嫌でいるほうが、人生楽しいことだけは確かだ。上機嫌でいるコツが笑顔なのである。

なぜ、笑うことがそんなにいいのか。脳研究者の池谷裕二氏（東京大学大学院教授）が、雑誌でとてもわかりやすい説明をしていたので、以下にそれを紹介しよう。

「笑顔を作って漫画を読むときに脳に入ってくる情報は、漫画を読んでいるということと、笑顔でいるということ。この二つの情報を結びつけるもっとも納得できる説明は、漫画がおもしろいということしかない。それが正解かどうかを判断するすべは脳にはないわけで、自分の身体に起こっていることがすべてなのです」（『文藝春秋スペシャル』二〇一一年季刊春号）

漫画を読むときは、深刻な顔より笑顔のほうがいい。読んだ結果と笑顔は連動していなくてもかまわないということだ。脳の機能も「この程度か」と思われそうだが、たしかに脳はだまされやすいものでもある。だからこそ、笑顔の意味は大きい。

男はよく、「女子ども」と両者を一緒くたにした評価をするが、これは女性も子どもも、男と違って「よく笑う」ことからきているのではないか。実際、「何がおかしいのか」と思うようなことで、女性や子どもはよく笑う。

それを見て、男は「まったく……」といった印象をもつことが多いが、これは改めたほうがいいのかもしれない。脳がそこまでアバウトなら、笑ったほうが勝ちだからだ。

人間の笑いは、年齢とともにどう変化するのか。年をとると、笑いの回数は減るのか、増えるのか。データがないので、あくまで想像だが、どうやら減っていくような気がする。多くを見聞し、人生経験を積むことで、屈託なく笑えなくなるのだろう。

「バカモノめ。笑ってる場合か」

経験を積めば積むほど、そういう気持ちにならざるをえない。人間はもともと先を見通して、笑うどころか不安や心配をするのが得意な動物である。それが文明を生み出す力になってきたことも確かだ。いまでも、「やたら笑うなんて……」と否定的な気持ちの高齢者もいるだろう。

そういう人たちに、次の言葉を進呈したい。

「毎日のなかで、いちばん無駄に過ごされた日は、笑わなかった日である」(フランスの警句家シャンホール)

あきらめない

片腕でゴルフができると思われるか。大方の人は「無理」と思うだろう。私もそうだった。だが、世の中は広い。左腕がないのにシングルプレーヤーになった人がいる。こういう話をすると、「例外だろう。自分とは無縁だ」と大多数は考える。

ところが、「そんな人がいるなら自分も……」と考えた人もいる。雑誌「経済界」の主幹、佐藤正忠氏がそうだった。

氏は左腕を失ったシングルプレーヤーに教えを請うて、左半身マヒながら、見事にゴルフに復帰した。

考え方というのは、いつも二つある。どちらをとるのも当人しだい。だったら、自分の願望に合ったほうを選ぶようにしたい。人生後半戦は、それくらいの知恵は発揮すべきだ。

年をとってくると、だんだんあきらめが早くなる。経験を積んで、先の見通しをつけてしまうからだ。これにはよいときと悪いときがある。あきらめて正解のこともあれば、あきらめなくて正解のこともある。

体のハンディキャップをあきらめないで名を成した人に、三重苦を克服したヘレン・ケラー女史がいる。日本でも『五体不満足』（講談社）を著した乙武洋匡氏がいる。また、盲目のジャズピアニストもいれば、左手だけでピアノを弾く人もいる。あきらめていないのだ。

あるいは、生活や環境のハンデから名を成した人も少なくない。その代表に、病弱で貧乏、さらに学歴もない〝三重苦〟から日本を代表する企業をつくった松下幸之助翁がいる。

先の佐藤氏の場合は、ゴルフをあきらめないことが正解だった。あきらめるか、あきらめないかの選択の基準は何か。あきらめても何かを得られるなら、あきらめればいい。何も得られないようなら、あきらめないほうがいい。

ゴルフをあきらめても、とくに得られるものはなかった佐藤氏は、どうしてもゴルフをやりたかったのだろう。そういうときは、無理と思っても簡単にあきらめないほうがいい。

「おれの人生、こんなものだな」

第一の人生を終えた時点で、自分の来し方を振り返ってこんな感想を抱く人も少なくない。満足度は人によってさまざまだが、不本意な人生を送ったと感じている人のほうが、こういう感想を抱きやすいのではないだろうか。

一種のあきらめの境地である。それが悟りのような高い境地にまで達するのなら、一つの生き方だろう。だが、もし敗北感があるなら、あきらめるのはまだ早い。敗北感というのは、一種のエネルギーに転化できるからだ。

高校二年で網膜剝離《はくり》にかかり、全盲になった青年がいた。彼は盲学校で鍼《しん》灸《きゅう》技能を学んだ。この境遇では妥当な選択である。だが、彼はそれでは満足できなかった。彼は大阪の町を一人旅しながら考えた。

「できることをするしかないのか。自分がしたいことをしてはいけないのか」

吉本新喜劇を見たいと思った彼は、電話で行き方を聞き、人に道をたずねながら劇場に単独でたどり着いた。

「よし、自分がやりたいことを大事にしよう」

大学に進学し、全盲の特別学校の校長を務め、いまは北九州市視覚障害者自立推進協会あいずの理事長をしている吉松政春氏の話である。氏は、こう言っている。

「自分をいままで支えてくれたのは『天は二物を与えず』という言葉だった」

「神様はどんな人にも二つの長所を与えない」というこの否定文は、「誰にも一つの長所は与える」という肯定文とも受け取れる。氏は、そういう受け取り方をした。これがあきらめない生き方だと思う。

読者諸兄よ、第二の人生は絶対この線でいくべきだ。

自己暗示の法則を知れ

私たちの意識や行動は、想像以上に自己暗示に支配されている。自己暗示とは、「みずから自分の近未来を予測すること」である。よい暗示と悪い暗示があるが、どちらもしばしば当たることで知られている。

神経症から頭や腕、足がたえず小刻みに震え、止まらない人がいた。杖がなくては歩けない。その男性が、ある診療所を訪ねて診断を仰いだ。

「あなたの心構えが悪いんですよ」

実際、いつも暗いこと、否定的なことばかり考えていた。その考え方を変えろと言われて実行したら、震えが止まった。

ある婦人がその診療所へやってきた。「私は不幸な人間で、これこれしかじか……それでこんなに病気を抱えている」と訴えた。

「あなたの病気は全部、ご自分でつくりだしていますね」

その婦人も回復した。

これは、百年以上も前の話である。フランスの片田舎で診療所を開いていた薬剤師の名はエミール・クーエ。彼こそ自己暗示法の創始者である。

暗示療法というのは、いまでもヨーロッパで盛んである。その要点を言えば、「人間は自分の考えたとおりの結果を導き出す」というものだ。だとすれば、否定的な観念がよくないことはすぐにわかる。しかし、現実はいいことだけではないから、否定的な気持ちになるのも避けられない。

では、どうしたらいいか。自己暗示法がすすめるのは、「肯定思考」ということである。たとえダメであっても、「ダメだ、ダメだ」と言わない。そう言っていると、ほんとうにそうなる。どうせ言うなら、こうありたいと思うことを言え、というのだ。

日本のマスコミは、「日本はもうダメだ、ダメだ、ダメだ!」と、長いこと言いつづけている。いまの若い人は知らないだろうが、昭和四十年代の高度成長時代は、そんなことはなかった。新聞やテレビは、「日本はすごいぞ」という論調だった。

事実がそうだったこともあるが、見方そのものが明るかった。当時だって、ひどい公害問題や農薬中毒や、マイナスのことも山ほどあり、それも報道されていた。だが、全体がいまのように否定的ではなかった。

日本がこれから元気を取り戻すにはどうしたらいいか。かわいそうだと思うが、いまの若者は日本がよかった時代を知らない。いい思いを一度もしていない。だから、肯定的なことを考えられない。

だが、私も含めてリタイア世代は、いい思いをたっぷり経験している。いまこそあのころを思い出して、物事を肯定的に考えてみようではないか。

年をとると、否定的な考えにとらわれやすい。

「もう年だし、年金も少ないし、貯金もない。この先、どう生きていけばよいのか」

そんな考えの人に、クーエの「自己暗示三原則」を知っていただきたい。きっと元気が出ると思う。

〈法則1〉意思と想像力が争うとき、勝つのは想像力である
——たとえば、禁煙を決心しても、食後に一服している自分を想像すると我慢できない。

〈法則2〉意思と想像力が一致したとき、その力は和ではなく積である
——「こうする」と決め、「実現した姿」を想像するとすごいエネルギーが出る。

〈法則3〉想像力は誘導可能である
——想像しつづけていると本気になってくる。

つまり、いつもよい想像をして、その実現を信じていると、ほんとうにそうなる。悪い想像も同じで、悪い結果を引き寄せる。だったら、よい想像をしたほうがいい。成功者はつねによい想像をしていることだけは確かだ。

「夢見る力」を大切にする

いくつになっても失ってはならないものがある。それは「夢見る力」である。

「たとえ明日、世界が滅びようとも、今日、私はリンゴの樹を植える」

ドイツの神学者ルターの言葉だそうだが、私はこの言葉が気に入っている。

こんな気持ちになれるのは、まだ夢見る力があるからだと思う。目標や願望をもてるのも、夢見る力あってのことだ。

夢見る力とは、想像力のことだ。それもたんなる想像力ではなく、生きがいを感じさせるような前向きな想像力だ。年をとると、想像力は衰える。というより、経験が想像を妨害する。「ああ、それはこういうふうになるだろう」――よい想像よりも、かつての体験を想像してしまうようになる。これは怖いことだ。

なぜなら、過去を思い出すことと同じだからだ。こういうことを続けていると、ほんとうの想像力が枯渇《こかつ》する。そういうことにならないためには、できるだけ前向きの想像をするように心がけることだ。

いちばんいいのは、寝る前に行う想像訓練だ。自分が望む「最良の姿」を繰り返し映像化しながら眠るようにする。日中も一人でいるときは、その姿を思い浮かべる。そういう習慣をつけよう。

いま多くの高齢者が心配しているのは、自分がボケることだろう。ボケが心配なあまり、症状が出そうになったら、自分で死んでしまおうと考えている人もいる。

だが、自分で選べることではないから、あまり深刻に考えないほうがいい。考えつづけることは、望むことに等しく、望むことはしばしば実現する。だから悪い想像をしてはいけないのである。

想像力のよいところは無限大であることだ。どんな想像だってできる。「たんなる想像なんて、いくらしたって仕方がない」と言う人は、想像力の偉大な力を知らない。あのアインシュタインすら、「想像力は知識よりもはるかに大切だ」と言っている。

なぜ、そんなことを言ったのか。私たちの人生のほとんどは、つねに想像力が先行しているからである。たとえば、海へ行こうと思う。そのとき、海で遊ぶ楽しい自分を想像すれば、行くことを選ぶだろう。

だが、波が高くて危険だとか、自分が溺《おぼ》れる姿を想像すれば、行くことをためらうだろう。このように人間は行動を起こす前に、必ず頭の中で想像というシミュレーションを行っているのである。

旅行だってそうだろう。旅に出かける前に、あそこへ行けばこんなこともできるだろう、あれもやってみたいな、と楽しいことを想像しているときがいちばんいい。旅は出かける前がいちばん楽しいと言われる理由でもある。

つまり、人生を左右しているのは、想像力と言っていい。想像力が人生を豊かにする反面、つまらなくもするのだ。人生を充実させたいなら、それにふさわしい自分の姿を想像すること。それが夢見る力だ。

うつ対策の特効薬

連れ添いに先立たれて、うつになる人が増えている。とくに男性に多い。そういう人は夫婦仲が良好だっただろうから、愛する人を失ったショックはさぞかし大きいと同情を禁じえない。

現役時代のうつも大変だが、リタイア後のうつは、せっかくの第二の人生を楽しめないのだから、これもまた大きな損失と言える。ただ、リタイア後のうつには、特徴があるようだ。現役時代のうつとは、まったく逆の関係にあることがめずらしくない。

現役時代のうつは、職場の人間関係がうまくいかないとか、仕事のミスで叱責されたとか、多忙でノイローゼになるとか、あるいは家庭内の問題を抱えるといった、ある意味、現実的な問題がきっかけになることが多い。

うつには前兆がある。新聞を読んでいても内容が頭に入ってこない、ただ目で追っているだけとか、いままで大好きだったゴルフなどにもまったく興味がなくなるとか。何らかの前兆があるから、それをキャッチして早めに治療をしないと、本格的なうつになって回復が難しくなる。

同じうつでも、リタイア後のうつは現役時代とは原因が違ってくる。現役のときにやり手で鳴らしたような人がかかりやすい。おもな原因は喪失感《そうしつ》、虚脱感からくる。会社にいたときは、大勢の部下に囲まれて、充実した日々を送っていたのに、リタイア後はすることがまったくなくなるからだ。こういうことが原因になる。

しかし、この種の悩みはいくら悩んだところで解決不能だから、心理的な迷路にはまりこんでしまうのである。リタイア後にうつになるのを防ぐには、ものの考え方を変えるしかない。はっきり言って「気の迷い」でもある。それがわかれば、活路は開ける。

気の迷いと言えば、こういう話がある。いま、日本は国を挙げて「うつ」に陥っているようなものだ。「GDPで世界四位に転落する」「インフレがひどい」「格差がますます広がっている」——こうした状況が個人にも影響をおよぼしているに違いない。

そんな日本の現状を、かつてある人がインドの人に愚痴った。ところが、まったく理解してもらえなかった、と言うのだ。

「日本はいま、格差も失業もひどい。博士号をとっても就職先がなく、貧困者も増えている」

日本人なら誰もが一度は考えた経験のあることである。ところが、かの国は数学の国。数字で根拠を求めてきた。

「失業率はどのくらい？」

「五パーセント」

「よその国に比べれば低いじゃないか」

「でも悪化している」

「どのくらい？」

「〇・一パーセント上がった」

「それは誤差じゃないのか」

インドから見たら、誤差程度のことで日本人は悩んでいるのだ。一方、インドは貧困が大問題だ。だが、彼らはこんな前向きの考え方をする。

「インドの貧困問題はどんどんよくなっている。以前は三分の一がとても貧しかったが、いまでは四分の一になった。すごく改善している」

うつになるのは日本式で考えるからではないか。うつになりかかったら、何事もインド式に考えればいい。両国の考え方の差は、マイナス思考とプラス思考の差だ。

愛するものをもとう

ゴールデンウィークを利用して息子たちが子どもを連れて福岡へ遊びにきたのか、駅に出迎えにきていたおじいちゃんが、まず駆け寄ったのは、まだ小学生にもなっていない孫の男の子だ。おじいちゃんはしゃがんで孫をしっかりと抱きしめる……。

そんな光景がテレビに映し出されていた。歌謡曲の歌詞にもなっているが、祖父や祖母にとって孫ほどかわいいものはない。誰を愛するかと聞いたら、迷いなく「孫だ」と答えるに違いない。高齢者になって愛する対象があるのは何よりの喜びである。

その意味で、ペットを飼っている人が異口同音に口にする言葉が「家族同然」なのだから、当然、愛するものの対象にもなる。だが、かなり高齢になると、人間のほうが先に逝ってしまう恐れがあるから要注意でもある。

年齢に関係なく、いくつになっても愛するものをもっていることは幸せだ。幸せなだけでなく、健康にもプラスの影響を与える。リタイア後の人生充実度の鍵でもある。

愛にはエロスの愛とアガペーの愛がある。エロスはギリシャ神話の神で、いわば恋愛の神様だ。アガペーはキリスト教の神の愛で、無償の愛のことである。どちらの愛も人間には必要だと思う。

ところで、愛という言葉は誰もが知っているが、その意味を正しくつかんでいる人はどれだけいるだろうか。

たとえば、恋人から「愛している？」と聞かれて、「愛している」と答えるとき、あなたはその中身を何だと思っているだろうか。

また、孫をはじめ親や子どもをいとおしいと思うのも愛だが、「子どもを愛している」と言うとき、その愛の中身をどう考えているのか。

エロスの愛とアガペーの愛。つまり、恋愛の愛と無償の愛――。この二つは明確に分けられるのか。共通項はないのか、あるのか。あるいは、私たちは二つの愛をどう使い分けているのか。少し深く考えてみると、「愛」という言葉は、わからないことだらけだ。

「愛とは、あなたが自分自身に対して望むことを、他人のためにも望むことです」

これは潜在意識理論で知られるJ・マーフィーの定義だが、これでだいぶ理解しやすくなったと思う。要するに愛には、自分が深くかかわっている。ある女性を好きになるということは、あなたがふだん自分に望んでいるようなことを、相手も手に入れられるようにと願うことなのだ。

この定義は、どちらの愛にも適用できる。「愛は分かち合う」というのは、この意味なのである。もう一つ、愛を理解する言葉を紹介しておこう。作家、有島武郎のものである。

「愛情というものなしに病気がなおせるなら、人の生命は機械でも造り上げる事ができるわけだ。そんなはずはない」(『或る女』)

この言葉の意味することは示唆《しさ》的である。愛情がときに表す心の領域の摩訶《まか》不思議な働きを暗示しているからである。

たとえば、離れた場所にいる人間に会いたいと思う。その思いを強く念じれば、相手に通じないことはない。こういうミラクルを試して「ダメだった」というのは、念じる思いが足りないのであって、否定を意味しない。

よくあるシンクロニシティ（共時性＝心に浮かぶことと現実が一致すること）は、あるに違いない。幸福な偶然に出合うセレンディピティしかりである。

年をとったら、ますます愛する心を大切にしたいものだ。人だけでなく動物はもちろん、花にも庭の草木にも何に対しても愛の心で接してみよう。その思いが強ければ、あなたは奇跡的なことに出合うことになるかもしれない。

第4章

もっと冒険心をもて

第二の人生は遊び比率を高めよ

貝原益軒に、次の言葉がある。

「小児のあそびをこのむは、つねの情《じょう》なり。道に害なきわざならば、あながちにおさえかがめて、其気を屈《くっ》せしむべからず」（『養生訓・和俗童子訓』岩波文庫）

冒頭の「小児」を「大人」にしても何のさしつかえもない。「遊びこそが人間文化の本質である」と考えたオランダの文化史家ホイジンガの提唱した「人間はホモ・ルーデンス（遊戯人）」を、私も支持する。

人はなぜ遊ぶのか。楽しいからである。人生では楽しいことを第一にすべきであり、楽しくないことは、なるべくやらないことだ。そういう生き方ができれば、人生は確実に充実したものになる。

ところが、私たちの社会というのは、そういう生き方を誰もができるようくな仕組みにはなっていない。それどころか、芸術家など一部の例外を除いて、遊びたい気持ちを捨てなければ、社会での成功はおぼつかない。

「人間、生まれてきたからにはきっと何か使命があるのだ」

社会ではこういう考え方が主流である。そこで大多数の人は、遊びたい気持ちを抑制した人生を送ることになる。

第一の人生で遊びが占める比率は、よく遊んでいるように見える人でも、半分以下だろう。でなければ、まともに扱われない。

遊びが好きな私だって、仕事と遊びを比べたら、若いころの遊び比率はせいぜい三〇パーセントくらいのものではなかったか。だが、遊びをバカにしてはいけない。遊びは仕事にも個人の成長にも役立つからだ。

「僕はどんなに忙しくても、遊びの時間を削りません。月7本の連載を抱えていたときも徹夜で描いて、ゴルフに行きました。お酒も好きでね。いつも、はしご酒。酒場を5、6軒巡る」（『日本経済新聞』二〇一〇年十月六日付夕刊）

こう言っていたのは、漫画家の藤子不二雄Ⓐさんだ。

藤子さんのモットーは、「明日に延ばせることは今日するな」であったという。若いころに見た映画「アフリカの女王」で知ったセリフで、以来、ずっと、これを実践していたそうだ。

たとえば、締め切りに追われていても、「徹夜の仕事で体でも壊したら……」と思うと、さっさと飲みに出かけてしまう。それでも連載に穴を開けたことは、新人時代に一度あったきりだったと言う。

藤子さんのスタミナ源は遊ぶことにあるのだ。それが可能なのは、やはり才能だと思う。誰もが真似できることではない。

しかし、第二の人生になったら、私たちも真似をしていい環境にある。六十歳、あるいは定年退職を契機として、もっと遊び比率の高い人生を歩んでみてはどうか。遊びをきびしく見る人は、大きな誤解をしている。遊びくらい、人間や人生を教えてくれるものはない。それを知らずに遊びを非生産的なことと勘違いしているのだ。

いまでこそ市民権を得ている漫画だが、以前、漫画は教育ママたちから目の敵《かたき》にされていた。それが今日の隆盛を得たのは、藤子さんのような人が、大いに遊びながら漫画を描き、漫画の質を高めたからだ。

私たちの場合、第一の人生は仕方がない。そうでもしなければ、脱落するか、路頭に迷うかだろうから。

だが、六十歳を過ぎたら、もう無罪放免されたも同然。第二の人生では、遊びの比率を高めたいものだ。それもできるだけ一人遊びがいい。一人で旅に出るとか、一人で映画を見たり、観劇をしたり。まったく自由な時間を思いっきり楽しむことだ。

旅に出よう

中国には偉大な詩人が二人いる。

杜甫《とほ》と李白《りはく》。

杜甫という人は、科挙（中国の官吏登用試験）に落ちて各地を放浪して歩いた。四十歳から仕官したが、左遷《させん》され、以後は家族と一緒に放浪し、旅の空を見ながら幾多の名詩を残し、詩聖と崇《あが》められた。

かたや、詩仙と言われる李白。彼も杜甫と似たような人生を送った。

二人とも英才でありながら、世渡りが下手なために世に容《い》れられず、長い時間を旅とともに過ごした。旅をしなければ、あのような名詩は生まれなかっただろう。

旅は人を育て、人生の真実を垣間《かいま》見せてくれる。だから旅をしないのは、人生の大きな損失である。

しかし、「第二の人生はぜひ旅の空に……」とまで言ってしまうと、種田山《さん》頭火《とうか》のような漂泊者のすすめのようになるので、そこまでは言わない。だが、事情の許すかぎり、旅に出ていただきたい。

「定年退職後は、旅三昧《ざんまい》で暮らしたい」

「リタイアしたら、妻と温泉めぐりの旅をします」

こんな計画を立てる人はたくさんいるが、その身分になったとき、ほんとうに実行しているだろうか。やっていない人が意外に多いのではないか。

現代の旅は便利なようで、けっこう気忙《きぜわ》しいものだ。旅をしたい気持ちと、旅にともなう現実の手続きがうまくマッチしない。それで、「ああ、面倒くさい」となることが多い。

現役時代はそうかもしれないが、リタイア後は暇がたっぷりあるのだから、ぜひ実行してみてはどうか。それも旅行ではなく、あくまで旅である。

代々の家業を引き継いだある紙屋の当主、六十代後半。数年前に息子に家督《かとく》を譲り、以後は海外旅行三昧の日々を送っている。会うたびに、「どこそこへ行ってきた」と私に報告する。ときどき、お土産までくれるのでケチをつける気は毛頭ないが、全部観光パンフレットに載っているところばかり。それもツアーで行く観光旅行なのである。

こういう旅行は、「ああ、そこは行ったことがある」「そうそう、おもしろいよね」などと、行った者同士が意気投合するくらいしか効用がない。それでは、つまらない。

私が考える旅は単独行である。一人旅。予定も「こちら方面」くらいしか立てない。ぶらりと電車に乗って、トコトコ走る車窓から景色を眺めて、あとは本を読んだり、眠ったり。途中の駅で駅弁を買ったりと、まったくの気ままな旅である。

しかし、そんな旅でも単独行だと、切符を買う、時刻表を見る、乗り換えをするなど、旅の基本知識とそこそこの判断力、決断力がいる。これは老年の脳の活性化に大いに役立つと思われる。

また、旅に出ると、人はなぜか、ものを考えるようになる。そんなひと時も気持ちがよいものである。ふだんの生活がいかに惰性《だせい》で動いていたかがよくわかる。二、三日でいいから、四季ごとに、年四回くらいは旅をしてみることをおすすめする。

とくに、「この先、何をするか」などと悩んでいる人は、絶対に一人旅をしてみるべきだ。きっといいアイデアが浮かぶ。

次のモンテーニュの言葉を味わっていただきたい。

「私は、旅に出る理由をたずねる人があると、いつもこう答えることにしている。『私は自分が何を避けようとしているかはよくわかるのだが、何を求めているのかはよくわからない』と」

世間の常識に惑わされるな

いま日本の高齢者は、自分たちの先行きに不安を感じている人が多い。いったい何が不安なのかと、ときどき首を傾げたくなるときがある。

「そりゃ、そうでしょう。年金だけじゃ、とても食べていけそうもないのに、収入がなくなって、貯金もほとんどない。いまはなんとか健康だからいいけれど、これから十年、二十年、どうやって暮らしていくんです？」

平均的な不安感とは、だいたいこんなものだろう。それはわかる。だが、現実の世の中を見てみれば、餓死《がし》者もいないし、飲み屋も飯屋もお客は入っている。五百円玉一枚で昼飯が食べられたりする。

それに私たちの世代は、戦争に負けたあとの焼け野原の東京も知っているから、いくら数字でいまの日本が借金漬けで危機的状況にあると言われても、その言葉と現実に目に入ってくる庶民の暮らしぶりから、皮膚感覚では「ほんとうなのかよ」という思いが捨てきれないのである。

どこかで、何かがおかしいのではないか。いま大切なことは、世間の言う常識に惑わされないことなのではないか。そんな気持ちでいたら、『文藝春秋』（二〇一一年四月号）が「これが私たちの望んだ日本なのか」というテーマを組んでいた。そのなかに嵐山光三郎氏の次の一文があった。

「定年を迎えたオヤジよ、浪費しよう。日本国民が保有する金融資産の6割、つまり840兆円を60歳以上の高齢者が持っている。定年になると、生活防衛のため、その資産を貯金して、使わなくなる。だから、景気がよくならない。ケチケチせずに使っちゃえ。お金を死蔵してどうする」

これに類する意見を言う経済評論家も、数は多くないがいる。また、いま福祉充実のためには増税もやむをえない、という声もあるが、「とんでもない。増税なんかいらない。むしろ減税だ。そのほうが景気が早くよくなる」と言う人もいる。

メディアの主潮流がそうでないから、声の大きいほうが常識的に感じられ、嵐山氏の考え方などは異端視されてしまう。だが、こちらのほうが正しいのかもしれない。マスコミの主張する潮流的な見解、いわゆる傾向記事というのは、ほとんど見当外れという見方もある。常識は疑ってみる必要がある。

常識が役立つのは、変化の少ない世の中の場合である。世の中がめまぐるしく変化しているときは、常識は疑ってかからなければならない。そうでないと、とんでもない方向へミスリードされてしまう。そんな心配がある。

「還暦をすぎてから、69歳になって、収入は全盛期の20%に減ったけれども、遊ぶことには全力をあげてきた。釣りもダイビングもやっている。……洋服を新調して旅へむかい、自転車で走り、目についた品物を買う。……浪費するとアイデアが生まれる。それで小銭を稼ぎ、自分の収入相応に散財している」

前出の嵐山氏の生活ぶりはこんなものだ。常識を疑い、こういう散財をする人が増えれば、景気はよくなるような気がする。ともあれ、人間、六十歳の坂を越えたら、「世間に惑わされるものか」という気持ちで生きてみよう。

高齢者の特権を楽しめ

年をとったからこそできること、があると思う。いわば高齢者の特権のようなものだ。それはいったい何なのだろうか。

人によって違うだろう。ある人が言ったことがある。

「戒名を自分でつくろうと思うんです。あれ、坊主につくってもらうと高いでしょ。この世の名前は自分でつけられなかったから、今度は自分でつけてみたいなと」

戒名というものを自分でつけてよいのかどうかは知らないが、もし可能なら、それも悪くない。私は戒名に興味はないが、「辞世の句はいいな」と、ときどき思うことがある。

何ごとも夢まぼろしと思い知る　身にはうれいもよろこびもなし（足利義政）
あらざらんこの世のほかの思い出に　いまひとたびの逢うこともがな（和泉式部）

昔の人は、みんな立派な辞世の句を遺している。ちょっとうらやましいと思う。できたら自分もつくってみたいが、死に際につくるものだろうから、どうなるかわからない。

高齢者の特権と言えば、「遺言書」もそうだろう。財産をたくさんもっている人は、これを書くのが大きな楽しみなのではないだろうか。遺言書を餌に、家族、親族をいたぶって楽しんでいる人もいるのではないか。こんな楽しみもおもしろい。

ほかに、「人に教訓を垂れる」「意見をする」という楽しみもある。しかし、この楽しみは一定の業績を上げたり、畏怖・尊敬されているような人でないと相手にされない。誰にでもできることではないだろう。「お前に言われたくない」と反論されるようでは情けない。

他人へ向けて行う高齢者の特権には制約がある。それよりも、自分で好き勝手にやってしまうという特権を行使したらどうだろうか。

精神科医の斎藤茂太、作家の北杜夫両氏の母上である斎藤輝子さんという人は、高齢になってから世界中を旅行しまくったことで有名だった。

その旅行も行き先がユニークである。ハワイだ、ヴェニスだというならまだしも、八十歳をまわろうかという年齢から、アフリカの奥地や極地にひんぱんに出かけるのだから、子どもたちはたまったものではない。

だが、そういう話が紹介されるたびに、「うらやましいな」と思っていた。いいかげん年をとったら、もう思い遺すこともそうないのだから、若い時代にはできなかった冒険などむちゃな行動をしてみるというのも、人生の一つの楽しみ方だと思う。

文字どおり、それを実現した人がいる。冒険家でプロスキーヤーの三浦雄一郎さんだ。三浦さんと言えば、七十歳、七十五歳、八十歳のときに、それぞれエベレスト登頂に成功して話題になった。

その計画と家族の反応が雑誌に書いてあるのを読んで、「この生き方こそ高齢者の特権行使だな」と思った。家族は当然、反対する。これをどう乗り越えたか。三浦さんは「家出」を匂わせたらしい。

要するに、「不退転の決意」を示したのだ。身一つで家出して他人様に迷惑をかけたら、家族は後始末が大変だ。結局、「もう好きにしたら！」ということで決着したそうだ。三浦さんがすごいのは、いつも次の計画まで立てていること。

それで、だんだん見えてきた。高齢者の特権とは、身を賭《と》してむちゃくちゃをやることではないか。

男の居場所は自分で確保しろ

ある会社が、定年で辞めていった人たちが気軽に来社できるようにと、囲碁や将棋、麻雀などができる娯楽室を用意したが、案に相違して訪れる退職者はきわめて少なかったという。

アイデアは悪くないが、退職者の気持ちがわかっていない。官僚的な発想だと思う。辞めていった人間にしてみれば、そんな場所に行くことは、自分に居場所がないことを知らせるようなもので、行きたくても恥ずかしくて行けないのだ。

だが、定年男性で居場所がなくて困っている人間はけっこういるらしく、地域社会の世話役やＮＰＯ法人などが、そういう退職者が集まることができる機会を設けている。たとえば、ある地域には有志が口コミで始めたグループがあり、退職者で盛況を極めているという。

そういう受け皿が身近にあればいいが、ない人はどんなふうに居場所を見つければいいのだろうか。その前に、居場所とは何なのかを考えてみよう。

私の考えによれば、男の居場所とは、たとえばその人を探すとき、「あそこへ行ってみれば」とすぐに言えるような場所のことである。たんに自分が身を置く場所ということではなく、他人からも認知されていなければならない。

現役時代は、「会社」がその場所だった。そこから派生したあらゆる行動範囲内に、その人の居場所はあったはずだ。つまり、居場所とは、その人物の影響力や存在感がおよぶあらゆる場所、地位、立場のことである。

ところが、現役を引退すると、それをいっぺんに失ってしまう。すると、仕事一本やりできた人は、居場所がなくなってしまうのである。これはけっこうつらい体験だ。一人、異国の地に放り出されたような気分になる。

では、どうやって居場所を探すか。いまの世の風潮は、「同じ境遇の人が集まって……」という方向へ行きがちだ。先の京都のグループなどはその典型で、みんなで集まってテーマを決めてディベートしたり、将来の一人暮らしに備えて料理を学んだりしているらしい。

それはそれでけっこうだが、受け皿が身近になければ、参加したくてもできない。「だったら自分でつくろう」という活動的な人もいないわけではないが、大半の人はそういう行動をとらない。

では、どうするか。やはり、自分で見つければいいと思う。どんな人だって住まいはあるはず。そこがまず自分の第一の居場所だ。そこを大事にすることが第一歩だ。

次に、自分がいる地域社会に目を向ける。コツコツ出歩いて、地域住民としての存在感を高めていく。先にも述べたように、顔見知りの人間を増やしていくことだ。地域社会に一歩踏み込んでみると、外からではうかがい知れない多彩多様な活動をしていることがわかってくる。

また、どんな地域にも抱える問題点がある。地域の歴史や文化もある。そういうものに好奇心をもって取り組んでいれば、自然に地域社会の一員として遇されるようになるだろう。つまり、居場所づくりは単独行動でもできるということだ。

誰かがお膳立てしてくれたグループに所属して、ディベートという名の暇つぶしをしているよりも、単独でやったほうがはるかに実のある居場所づくりができる。はじめからグループに属してしまうと、大半はグループの論理に埋没して個性を発揮することはできなくなるものだ。

60代から始める趣味

「おれって無趣味だったんだなあ」

リタイアしてはじめて気づく人もいる。仕事をしていると、その延長線上でいろいろな趣味や遊びを経験する。何度か繰り返していると、自分の趣味のように思えてくる。人から聞かれると「ゴルフに目がなくて」などと言い、自分もそうだと思っている。

だが、定年退職してみると、毎日が日曜日だから、少しもプレーしたいと思わなくなる。ほかに「やってみたい」と思うものもない。こういう人が退職後、家でボーッとしていると、急速に老けてしまうのである。

自分を無趣味だと感じる人は好奇心が薄い、と言ってもいい。慣れ親しんだ習慣的なライフスタイルを崩そうとしない。だから、自分が何に興味をもつタイプの人間かわかっていないのだ。

私は無趣味な人はいない、と思っている。誰だって何かしら興味をもつ。ほかと比べて強い興味をもつものは、趣味と言ってもいいのではないか。それがわからないのは、やってみないからである。

近年、ゲーセン（ゲームセンター）に異変が起きている。若者のたまり場だったゲーセンが、高齢者に席巻《せっけん》されているという。夫婦でほとんど毎日訪れる人もいるという。店側もこの層の集客に熱心だ。

これは当然だろう。いまの若者は不景気もあって、遊びにあまりお金を使わない。そのうえ、ゲームはスマートフォンでいつでもやっている。わざわざゲーセンに行く必要もない。なかには「貯金が趣味」などという若者も現れている。それに対して、リタイアして年金生活に入った団塊世代は可処分所得がある。業者が高齢者にねらいをつけるのは当然だ。

一流企業を定年退職した私の知り合いは、現役時代はパチンコなどに目もくれなかったが、いまは毎日通っている。ときどき会うと、「儲かった話」をする。経済的に余裕があるからいまはいいが、そのうち音《ね》をあげるのではないかと心配している。

パチンコだって、損するときは半端ではない。万単位になる。そんなことを続けていたら、大金を失うことになるだろう。ゲームセンターはパチンコホールほどではないが、これもほどほどにしておいたほうがいい。

この種の遊びは娯楽であって、趣味と呼ぶにはふさわしくない。趣味は自分にプラスになることでなければ意味がないからだ。ゲーセンやパチンコは金を浪費する暇つぶしにすぎない。

では、無趣味な人はどんな趣味をもったらいいか。まず、それに取り組んで自分にプラスになることが前提条件だろう。いま、格別することがなくて困っているなら、この条件をクリアできる範囲内で、とりあえず何でも取り組んでみるといい。必ず思いがけない発見があるはずだ。

たとえば、マラソン。

「走るだけで何がおもしろい？」

「疲れるだけ。私、走るの苦手だから」

やったことのない人は、みんなこう言う。だが、同じことを思っていた週刊誌の編集長が、五十歳になる直前、ひょんなことから始めてすっかりハマってしまった。走る快感を知ったからだが、ほかにも減量や血圧、血糖値の改善などめざましい効果が見られたという。

六十代のある家庭の主婦も近所を一時間くらい走っていたら、すっかり走るのが楽しくなって、「今度ハワイのマラソン大会に出てみようかしら」と言うほどにまでなった。

高齢になってからの趣味は、第二の人生にプラスになるようなものを選ぼう。そうでないと、せっかく大過なくクリアした第一の人生を台無しにしかねない。それだけは避けたい。

「趣味ということは馬鹿に出来ない。人間の上等下等は趣味で大概きまる」（武者小路実篤）

アートで生きてみる

アメリカやヨーロッパの高齢者と比べ、日本の高齢者は無計画にその世代に突入してしまうようだ。定年まで目いっぱい働いてきたせいもあるだろう。それが一概に「悪い」とは言えないが、その結果、「することがない」「今日一日をどうやって過ごそうか」と悩むのでは、せっかくの第二の人生が泣く。

そこで私がすすめたいのが、「アートで生きてみないか」ということである。鑑賞することはあっても、それ以外で芸術と無縁に生きてきた人たちには、敷居の高い提案と感じられるかもしれない。

でも、そんなことはない。高齢になってから芸術創作に取り組んで、残りの人生を充実させた人は意外に多い。

たとえば、アメリカの国民的画家グランマ・モーゼス（モーゼスおばあさん）

が絵筆を握ったのは七十代からである。十二歳で働きはじめ、二十七歳で結婚。十人の子を産んだ。芸術とは縁遠い人生を生きてきた人である。

日本でも似たような例がある。はじめての詩集『くじけないで』（飛鳥新社）で一五〇万部を超す大ヒットを飛ばした詩人、柴田トヨさんが、息子さんのすすめで詩を書きはじめたのは九十歳を過ぎてからだという。

彼女たちのような「大成功」を目指せというのではない。結果はどうあれ、アートで生きてみると充実した人生を送れるからだ。モーゼスおばあさんも、柴田さんも、ほかにやることがなくて、「まあ、やってみようかしら」と気楽に始めたことだ。同じ調子で何かを創作してみればいい。

絵や詩のほかにも、材料はいくらでもあるはずだ。焼き物でもいい。家具製作のような工作でもいい。楽器演奏でもいい。自己流でピアノ演奏を楽しむ百歳のおばあさんが、ＮＨＫの長寿者紹介番組に出ていた。これも悪くない。

一つ配慮したほうがいいと思うのは、できるだけ一人でやれるものを選ぶことだ。誰かがいないとできないアートは、人づきあいの要素が絡んでくるので、余計なことに気を遣うようになり、集中力を欠くから向いていない。芸術家というのは、画家をはじめ一般に長生きである。またボケることが少ない。何であれ、やはり創作という行為には、人を永らえさせる何かがあるに違いない。生命エネルギーを呼び覚ますのだろう。

「クリエイティブなことをしているとほんとうに気分がいい。いま七十三歳なんだけど、気分的には四十五歳くらいだと感じている」

これは、映画「羊たちの沈黙」でアカデミー賞主演男優賞を受賞したアンソニー・ホプキンスの発言だ。彼のアートは絵を描くことと、ピアノ演奏、作曲である。それにしても七十歳を過ぎて、四十代の感覚でいられるのはすごい。

九十一歳まで生きたピカソは、こう言っている。

「明日描く絵がいちばんすばらしい」

芸術が苦手な人は、それにこだわることはない。好きなこと、趣味の領域を「極める」つもりで取り組めばいい。極めれば、それは芸術に昇華する。

「芸術とは人生という幹をとりまく葡萄《ぶどう》である」（岡倉天心）

家事の効用

第二の人生を充実して送れるかどうかは、ライフスタイルにかかっていると言っても過言ではない。こう言うと、「第一の人生だって同じじゃない？」と言う人がいるかもしれない。基本的にはそうだが、大いに違っているのは、会社人生と関係がなくなることだ。

第二の人生のすばらしいところは、買いたてのパソコンのように、あらゆる初期設定をみずからの手で行えることだ。しかも、すでに第一の人生を経験して、よかったこと、まずかったことを自覚しているからいくらでも修正できる。

これだけよい条件がそろっている人生など、そうそう味わえるものではない。ところが、そうとは気づかずに、初期設定を疎かにする人がいる。こんなもったいないことはない。

では、第二の人生を充実させるには、どんなライフスタイルがいいのか。誰にも好みがあるだろうから、一概には言えない。そこで、ここでは誰にも共通する必須条件だけを挙げておこう。

それは何かと言うと、「日常生活の営みを人まかせにしない」ということだ。男でもひととおりの家事をこなせないといけない。なぜかと言うと、これからの社会では一人暮らしが主流になるからである。

二〇四〇年には、わが国では一人暮らしの割合が四割に達するという予測もある。つまり、一人暮らしが多数派の時代になるのだ。このことを考慮しないで、第二の人生の充実はありえない。

一人暮らしのライフスタイルとなれば、何でも自分一人でこなせなくては始まらない。つまり家事全般である。男性は、そんな生活を望まないかもしれないが、炊事、洗濯、掃除は、あなた自身の役目となるのである。

こういう話だけを聞くと、暗澹《あんたん》たる気持ちになるかもしれない。だが、一つひとつ細かく見ていくと、これまで何もしてこなかった人が想像するほど悲惨なものではないことがわかるはずだ。

たとえば洗濯。「自分で洗濯機をまわすのか」と思うかもしれないが、いまは洗濯機も乾燥機も全自動だ。都会暮らしならコインランドリーがあるのだから、一週間に一度くらいそこへもっていけばすむ話だ。

食事は自分で料理するのが理想だが、いまはコンビニなどで「単身者用」の惣菜や弁当を売っているので、それですませればいいだろう。

掃除は？　掃除機を使うだけですまないのが掃除である。一人暮らしで最大のネックは掃除関係かもしれない。でも、掃除は体を使うので、運動不足を解消するのにちょうどいい。掃除だけは、そう考えて実行することだ。

女性が男性よりも長生きなのは、家事全般に強いことも大きい。男性も家事をするようになれば、運動不足も少しは解消して、男女で開いた平均寿命の差が縮まる可能性もある。

「人生を幸福にするためには、日常の瑣事《さじ》を愛さなければならない」（芥川龍之介）

食には気を遣え

近年の栄養学の研究が明らかにするのは、昔から「こうするといいよ」と言われてきたことが、いかに正しかったかを証明するようなものばかりだ。たとえば、「身土不二《しんどふじ》」（地元の旬の食べ物がいちばん合う）、「一物全体食《いちぶつ》」（まるまる全部食べる）、「腹八分目」（食べすぎない）など、すごい研究成果が発見されたように思えても、それは結局、こういった昔の知恵に集約されることが多い。昔の人は偉いのである。

このところ、「マリンビタミン」が注目されている。いわゆるビタミンのことではなく、海の幸の豊富な栄養価のことを指している。サバ、サンマなど青魚に多い脂肪酸であるＤＨＡ（ドコサヘキサエン酸）、ＥＰＡ（エイコサペンタエン酸）などがそうである。日本人は昔から海の幸を栄養の宝庫としてきたが、これは正解だったのだ。

同時に、近代栄養学がしたり顔で「こうですよ」と言ってきたことの間違いも明らかになっている。そうしたものの一つに、タンパク質の摂り方がある。

タンパク質に関しては、「体をつくる栄養素だから、成長期に必須」だが、「高齢者は成長するわけではないから、適度でいい」と思われてきた。これは間違いで、いまは「高齢者こそ良質のタンパク質をきちんと摂ること」に変わってきた。

第二の人生を充実させるためには、食生活がきわめて重要である。若い時代はすべてに活動的で、食欲もある。だから極端なダイエットなど、変な道に踏み込まなければ、放っておいても正しい食生活を実践しやすい。しかし、高齢になると、食欲も落ちてくるから、よりいっそうの配慮が必要なのである。

だが、ここで一つ問題がある。情報化社会の弊害である。情報量は多いが、真贋《しんがん》がはっきりしないところがある。よほどしっかりした栄養学の基礎知識をもっていないと、新情報の真贋は見極められない。

変に誤った情報を信じ込んだら、健康に留意したはずが健康を損《そこ》ねる原因になるかもしれない。そういうことにならないためには、あまり細かい新情報にとらわれることなく、基本的なことだけを大ざっぱに頭に入れて、それをきちんと実践することだ。

そこで以下に、「高齢になったら、食生活でこれだけは気をつけよう」という項目を三つにまとめた。パーフェクトとは言わないが、これらを実践すれば、プラスにはなってもマイナスには決してならない。

①主食は玄米食

実践がきつい人は、次善として七分づき、五分づき、あるいは五穀入り白米などで工夫する。また、玄米食と白米食を併用する。パン、そば、うどんなどを食べても、一日一回は米を食べるようにする。

②副食素材は「まごたちわやさしい」と覚えておく

「まごたちわ……」とは、豆、ゴマ、卵、乳製品、ワカメ、野菜、魚、しいたけ（きのこ類）、芋の九品目のことである。おかずとして一日にすべてをクリアしたい。

③良質なタンパク質を欠かさない

「年をとったら肉はあまり摂取しなくてもいい」は疑問視されている。魚はもちろんいいが、肉も一定量を食べる。タンパク質は毎回の食事で必ず欠かさないことが肝心。

あとは、運動を欠かさないことだ。一日一万歩を目標に歩く。いちばんいいのは万歩計を身につけること。一万歩が無理でも、トータルで七〇〇〇歩は歩きたい。栄養補助の目的でサプリメントを摂るのはけっこうだが、前記の食生活にプラスで考える。サプリメントを手抜きの手段にしてはいけない。

料理をしよう

食に気を遣うからには、自分で料理もできたほうがいい。自炊ができるようになれば鬼に金棒。料理は一人暮らしをする高齢者にとっては最強の武器と言える。

しかし、「男子厨房《ちゅうぼう》に入らず」を信奉してきたような男性は、ちょっと抵抗感があるかもしれない。

「なんで、この年になって、おれがそんなことをしなければならないんだ」

では、聞きますが、あなたはトイレで尻を拭《ふ》くのをどう思われるか。「こんなこと！」と思うだろうか。思わないだろう。風呂場で体を洗うのを、どう思われるか。人間も生物として、自分でしなければならないことがある。そう思えばいい。

「なんでおれが……」には、「コックを雇ってあるのに」と近いニュアンスがある。これはちょっといただけない。

昔、スペイン王フェリペ三世は、暖炉の前で動こうとせず、低温火傷《やけど》で命を落とした。火搔《か》き棒を扱えなかったのだ。これから先、一人暮らしになったとき、料理ができないと、フェリペ三世と同じ運命をたどらないともかぎらない。

料理は他人にまかせることはできるが、いざというときのため、自分もできるようにしておくことが大切なのだ。

自分で料理することには、数々のメリットがある。

第一に、料理というのは、いくつかのことを同時進行で行いながら、つねに先を読むことが必要なので、脳の活性化に役立つ。料理をするとボケ防止になるのだ。

第二に、自然に味と栄養学の勉強になり、食生活の改善ができる。リタイア後の人生に「食」がいかに大切かは前述したとおりだが、料理を学ぶと、免疫力を高め、生活習慣病の防止に役立つ。

第三に、夫婦関係を良好にする。もし男の料理を奥さんが喜ばないとしたら、それは奥さんが間違っている。これからはどちらかが先に逝って、必ず一人暮らしを経験することになるのだから、男もできないとダメなのだ。

料理を覚えるというと、習いにいこうとする人がいる。たしかに、習うのがいちばんてっとり早い。実地がものを言う世界だからだ。そこでは基礎だけ覚えればいい。しかし、料理教室へ行かなくても、できる人から教わればいい。理想は奥さんの手伝いをすること。奥さんから教われば、自分の家庭の味を継承できる。

たまには手料理をこしらえて、子どもや孫たちを呼んで食べさせれば、おじいちゃんの評価も違ってこよう。これも重要なことだ。また、そういう訓練をしておけば、一人暮らしになったとき、女性を呼んで食べてもらうとか、社交の機会がぐんと増える。

何と言っても、料理は楽しい。楽しんで自分の健康に役立ち、人からも喜ばれる。これを見逃す手はない。

地域社会にはすべてが埋まっている

初代若乃花は、「土俵のなかに何でも埋まっている」という名言を残した。これになぞらえれば、「リタイア後の人生のすべては地域社会に埋まっている」と言っていい。

こういう高齢者がいる。八十五歳のA子さんと六十三歳のB子さん。ともに音楽が趣味で、無類の仲よしだった。A子さんはピアノを弾き、B子さんはハーモニカを吹く。二人だけで演奏して楽しんでいた。

ちなみにA子さんは一級障害者で、酸素ボンベが手放せない。B子さんは五人の子を育てあげたときには、もう還暦を迎えていた。

趣味を同じくする者同士が、好きなことをして時を過ごす。高齢社会のありふれた光景である。

あるとき二人は、障害者コンサートへの出演を求められた。気が進まなかったが、A子さんの知り合いからの依頼でもあり、「これっきり」という約束で出演した。

彼女たちのレパートリーはと言えば、ハーモニカは「赤とんぼ」「荒城の月」「月の砂漠」、ピアノは「太陽がいっぱい」「ある愛の詩」といった曲。失礼ながら、素人芸以外の何物でもない。

だが、喝采《かっさい》を博した。以後、二人は地元の老人施設などで演奏を続けている。変化はそれだけではない。二人自身が生きることに前向きになり、充実した日々を送っている……。

この話は、全国老人福祉施設協議会が行っている、「もうひとつの成人式　60歳からの主張」のエッセイ・小論文部門で、優秀賞に輝いた北海道の柴田えみ子さんの作品からのものである。

人間は一生のうちに居場所をいくつも変える。子ども時代は、家庭がそうである。就学時代は学校。社会に出ると、職場になる。やがて結婚して職場と家庭がおもな居場所になる。ここで言う居場所とは、過ごす時間の多い「人生の舞台」と考えていただきたい。

人はその時々の舞台で、最善の生き方をしようとする。しかしリタイアすると、その居場所がなくなってしまう。

かろうじて家庭が残るが、現役時代、極端に職場に片寄った生き方をしてきた男性は、最後の砦《とりで》である家庭を奥さんに席巻されていて、必ずしも安住の場所ではない。「自分はこの先、どこでどう生きていったらいいのか」「どこにいても自分はよそ者」と思う人も少なくないだろう。

だが、大きな見落としがある。前にも述べたが、それが地域社会である。地域社会へ目を向けてみれば、これまで気がつかなかった可能性が開けてくる。それを実践してみせたのが、前述のお二人である。

もしも、障害者コンサートの呼びかけに応じていなければ、いまも二人きりで楽しむだけ。他人に喜びも与えられないし、自分たちも前向きな人生を手に入れることが難しかっただろう。

自分が身につけた技能や知識を生かして「地域貢献する」という発想をもてば、前途は開けてくる。日本人は高度経済成長の時期に、自分の住んでいる地域に関する細かい知識をもたなくなった。これは大きな間違いだったのだ。

いまからでも遅くはない。高齢化が進めば進むほど、地域社会の果たす役割は大きくなっていく。いま考えるべきは、地域社会で自分に何ができるかだ。求められるものは多様だから、誰もがきっとそれを見つけられる。

地域社会には、あなたの第二の人生を充実させるものが必ず埋まっているはずだ。いまからそれを見つけにいこう。

わが家の菩提寺は歩いて十分くらいのところにあるが、お寺ではときどきコーラスの集いやゴルフコンペなどを開いて地域との交流を図っている。そんな仲間と知り合うことで、地域貢献もまた可能になってくる。

第5章

死ぬときは死ぬがよろしく候

知的好奇心を失ってはならない

世の中には、ときどき不思議な人がいる。

「おれ、明日死ぬから」

そう言って、ほんとうに翌日亡くなる人がいるのだ。たしか、作家の五味康祐氏がそんな死に方をしたと記憶している。

こんなことを言い出したのは、コント55号の坂上二郎さんが、似たような行動をとったことを、相方の萩本欽一さんが語っていたからだ。

病気入院中の二郎さんを見舞った欽ちゃんが「じゃあ、また」と帰ろうとすると、二郎さんは呼び止めて握手を求めたという。絶えてなかったことで、欽ちゃんは、「これで最後だな」と悟ったというのだ。

死期を覚《さと》るとはどういうことか。ここからは想像なのだが、私は、「すべてに興味がなくなること」だと思う。

五味氏は名うてのオーディオマニアで、よい音楽を聴くために生涯を捧げたような人だ。小説を書いたのも、「金を稼いで、いい装置を買いたかったから」と公言していた。

何かに打ち込んでいる人間は、自分のこだわりを肌身で感じている。二郎さんの場合は芸磨きがこだわりの最たるものだったろう。

そういう人間は、「あれ、こだわりがなくなった」と、きっと気づくときがあるのだ。ある瞬間を境に、五味氏は音楽を聴くことに興味を失った。二郎さんは、「もう、芸磨きはいいや」と思ったに違いない。「死期を覚る」とは、そういうことではないか。

人間は好奇心の動物である。何かに興味をもち、追究することに情熱を注ぐ。それがあるから、いろいろな困難に出合っても、がんばり通して生きていける。義務とか使命感も人を行動に駆り立てるが、最終的に残るのは好奇心だと思う。

元気いっぱいだった子どものころ、ヨボヨボの老人を見ると、「この人は何が楽しみで生きているのだろうか」と思ったものだ。

年齢を重ねて思うことは、「この年になっても、いくらだって楽しみはある。知りたいことが山ほどある」ということだ。

ヨボヨボ老人だって同じだったろう。人は何かに興味をもっているかぎり、生きるエネルギーがもらえるのだ。「もういいや」がいちばんいけない。そうならないためには、どんなときも知的好奇心を失わないことだ。

人間には、「知りたくないことは自分から情報を遮断する」という習性がある。第二の人生では、この習性を破ってみてはどうか。

ゴルフが大好きで釣りをバカにしていた人が、定年になってゴルフを一緒にする相手がいなくなり、やむなく釣りを始めたらハマってしまった……こういう例はいくらでもある。

本でも、若いころ敬遠していたものをふと読みはじめてみると、すごくおもしろく感じることがある。

「自分にはまだまだ見逃しているものがある」という気持ちで、たえず自分の好奇心を刺激しよう。

人間にとって好奇心くらい大切なものはない。何も知りたくなくなったら、そのときはおしまいなのだ。

死ぬまで自立精神を失うな

こういう人がいる。八十代半ばの老人である。男三人、女一人、計四人の子どもがいる。妻はもういない。彼は息子と同居している。長男の家に三年、次男の家に二年、いまは三男の家で暮らして三年半になる。次は一人娘の家に行く番だが、心の晴れない日々が続いている。

客観的に見れば、子どもたちはみんな父親孝行だが、別の見方をすれば〝たらい回し〟でもある。彼の本音は、一カ所に落ち着きたいというものだ。自分がその立場になってみると、その心情はよくわかる。

介護関係のプロである上原喜光氏（全国介護者支援協議会会長）が新聞のコラムで取り上げていた実例だ。この記事を読んで、私は考え込んでしまった。

上原氏によれば、老人は子どもたちに感謝しているが、「いつまでも迷惑はかけられない。そろそろお迎えが来ないものか」と神棚に手を合わせる日々を送っているらしい。この老人ははたして幸せなのか、それとも不幸な身の上なのか。

これこそ、考え方一つなのだと思う。子どもたちには、公的施設に委ねるという選択肢もあった。それをあえてしなかったのか、入れたくても入れてもらえなかったのか、それはわからないが、とにかくいままで、子どもたちが面倒を見てきたのだ。この先も、それを受けるのがいちばんいいと思う。

「子どもに迷惑をかけたくない」などと変な遠慮をしないで、彼の場合は、むしろ自分の置かれた境遇をもっと肯定的にとらえるべきだろう。せっかく面倒を見てくれているのに、当人がその境遇に満足していないのでは、子どもたちも面倒の見がいがなくなる。

もしも〝たらい回し〟の感じが嫌だというなら、一人暮らしをするなり、自分から施設入りを望めばいい。一カ所に落ち着きたいという気持ちはよくわかるが、子どもたちの家にいてそれを望むのは、少し高望みなのではないか。

実際、独り身になった父親の面倒を、代わりばんこに見てきた子どもたちだ。父親がはっきりと自分の望む生き方を表明すれば、最大限の努力はしてくれるはず。この老人のいまの境遇の受けとめ方がいちばんよくない。これでは誰もハッピーになれないからだ。

かりに私がこの老人の立場だったらどうするか。私は子どもに面倒を見てもらおうとは思わない。わずかの年金しかなくて、一人暮らしが難しくても、私なら自立の道を選ぶ。ただ、子どもたちがお金で協力してくれるというなら、それはそれでありがたく頂戴する。私の選択肢はそれしかない。

老いてから子どものところを転々とするのは、リア王がそうだ。彼はろくでもない娘たちからひどい目にあわされて失意のうちに死ぬことになる。シェークスピアのこの教訓は、どんな場合でも、老親は子どもに過剰な期待をしてはいけない、ということだ。

自分の人生はあくまでも自分のものであり、それがどんなかたちであっても、死ぬまで自立の精神を失ってはならない。その心構えでがんばって、刀折れ矢尽きたときは、自然と「なるようになる」ものだ。そんな割り切りが大切なのではないか。

私の印象を言えば、この老人には存在感がない。だから、どの家でもたんなる厄介者になっているのではないか。存在感があれば孫もなつき、「できるだけ家にいてほしい」と子どもたちも思うようになる。孫に慕《した》われるおじいちゃんになってほしい。

これからも子どもの世話になるなら、自立心をもって、自分の存在感を示す努力が必要だろう。人間は、死ぬまで何かの努力はしつづけなければならない。その原動力になるのは、あくなき自立精神なのである。

「人生の疲労は年齢には関係ない」（坂口安吾）

この言葉を覚えておいてほしい。

病気と闘わない

「病気と闘う」と言う人がいる。細菌性の病気はそれでいいかもしれない。体に侵入し、病気を引き起こす憎っくき敵だからだ。

しかし生活習慣病などは、身内の反乱のようなものだから一緒にはできない。しかも原因は、こちらが悪いときもある。胃腸や肝臓のことを考えないで、むちゃな飲食をしてきたとか。そう考えると、敵視するのはどうかと思うのだ。

むしろ、そんな体にしてしまったことを、「ごめんなさい」と謝ってはどうか。事によると勘弁してくれるかもしれない。医聖ヒポクラテスは、「病気が怒る」という言い方をしているが、これと同じ発想だ。

「闘う」という考え方は、何かと言えば強大な軍事力を動かして戦争をおっぱじめるアメリカに似ていないか。力づくで抑えようという発想だ。西洋医学はそういうやり方が好きなようだ。

体を機能的に分けて、病気の箇所をピンポイントで攻撃する。十九世紀以来、この方法はわりと成功してきた。だが、生活習慣病に関しては、このやり方がうまくいかないことは、もはや明白だ。

だから、近年は治せない病気が増えている。検査技術が著しく発展したので、何か医学そのものが進歩しているように感じてしまうが、医療事情をよく知る人に言わせると、医学はまだまだ未熟。

今後の活路は、遺伝子医療やバイオ技術を活用した医療だというが、この分野が軌道に乗るまではまだ時間がかかる。

一方で、西洋医学と東洋医学をうまくバランスさせた「ホリスティック医学」という考え方もある。体を、部分ではなく全体から見るホリスティック医学は、まさに西洋医学と東洋医学を合体させたような療法だ。

この医学を実践してきた帯津良一博士は、こう言っている。

「人間は心の持ち方で病状が大きく変わる」

この言葉は納得できる。

たしかに、「病気と闘う」というのは元気よく見えるが、そうなると向こうも「やってやろうじゃないか」と身構える。勝てるケンカはしてもいいが、負けるケンカはしないほうがいい。私は「闘う」などと威勢のいいことを言うより、「仲よくしようよ」と申し入れて、うまく折り合って生きていけばいいと思う。帯津博士が言いたいのも、そういうことだろう。

人間、六十歳を過ぎれば、体のあちこちにガタがきて、病気の一つや二つはあって当然だ。とくに現代は長生き時代だから、昔言われた「一病息災」は、「多病息災」と言い換えなければならない。

病気を恐れ、敵と見なし、闘いを挑んで負けるより、休戦協定を結んで仲よく暮らすのもいいではないか。

老前整理をやっておく

「老前整理」ということが言われている。この言葉、うっかりすると、遺言と受け取られかねないが、そうではなく片づけの話である。

それでなくても、現代人の生活はモノに頼ることが多いから、いわゆる私物が増えていく一方だ。それを人生の節目である定年を機に、思いきった整理をしてはどうかということである。

第二の人生をできるだけ快適に過ごすには、心構えだけでなく、物理的な意味での整理も必要なことだと思う。いわゆるゴミ屋敷の住人には高齢者が多いが、あれは年齢とともに不要物の整理が億劫《おっくう》になることがきっかけらしい。

他人にはガラクタとしか思えないものでも、愛着のある品だとなかなか捨てられない。そういう気持ちは誰にもあるから、必要ないことが明らかでも、他人の私物には手を出せない。当人にまかせるしかないのだ。

それをいいことに、仕分けや整理を怠っていると、あとになってにっちもさっちもいかなくなる。自分でやるのが基本だが、いまは業者に頼んで手伝ってもらうこともできる。自分でやろうとすると、すぐに挫《くじ》けるから、思いきって頼んでしまうのもいいかもしれない。

老前整理では、もう一つ重要なことがある。それはパソコンとスマートフォンの問題だ。

「パソコンを残して、いま死んだらおれはヤバイ」

友人の一人がそう言ったことがある。「何が?」と聞いたら、ダウンロードしたアダルト系の画像やDVDがけっこうあると言うのだ。

「そんなもの、べつにいいじゃないか」

よく聞いてみたら、ほかに風俗で遊んだ動かぬ証拠も残っていると言う。

こういうものの処理は、いまは便利な消去ソフトがある。生きているうちはふつうに使えるが、万が一、突然死したようなとき、他人が起動するとデータを消去するソフトである。

永井荷風という人は、いま考えると非常に先進的な発想をもっていたことがわかる。六十一歳のとき、一種の老前整理をしているのだ。信頼できる知り合いに宛てて、自分亡きあとの身辺整理について、「以下のようにしたい」という文面を残している。べつに、いますぐ死にそうだったわけではない。

その中身というのが、またいかにも荷風らしい。たとえば家督相続については、従兄弟の名前を挙げ、「子孫ノ中適当ナル者ヲ選ミ拙者ノ家督ヲ……」と、すこぶる無責任なことを言っている。

「遺産ハ何処へモ寄附スルコト無用也」

「蔵書画ハ売却スベシ。図書館等へハ寄附スベカラズ」

「住宅ハ取リ壊スベシ」

これを書いてから、彼は十八年も生きた。このときは、きっと老前整理がしたくなったに違いない。老前整理は心機一転の効果があるのだ。

ある実業家は、現役を引退したとき、私物を整理し、自宅の庭で焼却処分にした。全部焼くのに「三日かかった」と言うので、「そんなに悪いことをしていたのか」と聞いたら、ラブレターなど、一つひとつていねいに見直しながら焼いたそうだ。

個人的にどんなに思い出深いものでも、死んでしまえば他人には紙くず、ガラクタの類だ。そう思えば、自分の胸に深く刻み込んで、やがて消えてなくなる自分に先立って、地上からなくしてしまうのも悪くない。

上手な逝き方について

死に方で、いまいちばん人気なのは「ピンピンコロリ」であろう。ずっと元気でいて、コロリと死ぬ。それが理想だ、というのだ。十人寄れば七人くらいは賛同するに違いない。

だが、なかには、「そんなのは嫌だ」と言う男もいる。

「ピンピンコロリなんてまっぴらだ」

「なぜ？」

「あっけなさすぎる」

「じゃあ、どんなのがいいんだ？」

「医者からガンを宣告されるのがいい。余命も聞いて、それに合わせて友人たちに別れの挨拶もして、最期は家族に看取られながら死にたい」

知り合いの男はこういう意見だ。

六十歳を過ぎると、いくら元気であっても、ふっと「死」について考えることがあると思う。そのとき、「上手な逝き方をしたい」と思う人もいることだろう。実際にそういう題名の本まで出版されている。

それはそれでいいのだが、「ピンピンコロリ」という言葉に、私は引っかかる。努めて明るく、ということなのかもしれないが、どこか茶化した感じがあって嫌なのだ。あまり、そういう言い方はしないほうがいい。

たとえば、読者は以下をどう受けとめられるだろうか。

一、……死ぬのも自然だから止むを得ない。晩年になるほど幸福になったのは至幸である。要するに相当な一生であった。何物かに深く感謝をささげる。

一、死後の事は泰子に一任する。泰子のヒュマニテと良識はおそらく判断を誤らないであろう。

一、葬儀は極力寂しいものにしてほしい。結婚式のときは招かれた人だけ出席する。その流儀で、葬儀、通夜なども招いた人だけでありたい。

一、皆仲よくくらせ。

一、退職金は不幸な子どもの援護資金に寄付してほしい。

これは文藝春秋社長だった佐佐木茂索氏のメモ（抜粋）である。

このメモを取り上げたのは、中身に感心したためではない。それどころかこのメモは遺言書でもなんでもなく、氏が飛行機に乗るときに落ちるかもしれない、と万一に備えて認《したた》めたものなのである。

氏は飛行機に乗るとき、いつもそうしていたらしく、このメモでも、「こういうメモがほかにもたくさん出てくるだろうが、これが最新のものだ」と日付を入れて断っている。見方によっては笑えるものなのだ。

なんとも用意周到なことだが、このとき乗った飛行機は無事だったから、このメモもまた反故《ほご》になったはず。氏が亡くなったのは、それから一年以上もあとのことである。

私が感心したのは、氏が常在戦場というか、ふだんからこんな覚悟をもって生きていたことについてである。いつどんなふうに死ぬか、誰もそれを知らない。乗るはずだった飛行機に乗り遅れて命拾いした女性が、数日後、交通事故で死んだという話もある。

死ばかりは、私たちの計算外のこと。願望として「こんな逝き方をしたい」と思うのは自由だが、「ピンピンコロリ」はいただけない。生死にかかわることは、もっと厳粛にとらえてしかるべきだろう。

自分の死後を考えよ

注意していただきたいのは、ここでいう「死」は一般の死ではなく、「自分の死」であることだ。自分の死について考えておくことは、高齢者にとっては義務のようなものかもしれない。

なぜなら、自分の死は、「あとに残された人たちの大問題」でもあるからだ。よく相続でもめることがある。自分が死んで、親族が相続でもめるのを想像したとき、どんな気持ちがするか。

自分がいれば、「コラッ、そんなことでケンカするんじゃない」と一喝できるが、なにせ死んでこの世に存在しないのだから、どうにもできない。自分のまいた種でトラブルを引き起こすのは、誰も本意ではないはずだ。

だったら、生きているうちに、死んだあとに起きるであろうことを想定して、いくつかのことは具体的に決めておく必要がある。

財産のある人が真っ先に考えなければならないのは、相続問題だろう。これは法律に則ってきちんと公正証書をつくっておけば、それでほとんど決まりだから、あとに問題を残さない。曖昧《あいまい》にしなければいいのだ。

自分の死を考えるとき、ほかにも遺族にとって悩ましい問題がいくつかある。一つは脳死状態になった場合だ。

事故か何かで脳死と判定されたとき、現在の医療では患者を生かそうとする可能性が大きい。そのまま死なせるよりも、植物状態でも生かしたほうが金になるからだ。また、家族、親族の心情として、「生かす」ことを選択するかもしれない。

もし、そんな状態で生きるのはまっぴらと思うなら、安楽死を望む旨を書面で残しておいたほうがいい。そうでないと、ムダに生かされて、家族、親族に無用な負担をかけることになる。そういうことは避けたい。

それから、献体の問題がある。臓器移植に関して言えば、いまは残された親族の承諾だけでも可能になった。ドナー（提供者）になるのが嫌なら、そのことをはっきり表明しておいたほうがいい。逆に提供したいなら、そのこともはっきりと表明しておくこと。

もう一つ、認知症の問題もある。自分がボケてしまった場合、その状態から死までをどうつないでもらいたいか。このこともはっきりと表明しておくべきだろう。ボケたほうはもうわからないので、どうってことはないが、家族のほうは本人の意思がわからないと、けっこう大変だ。

日本は先進国のなかでは自殺者が多いほうに属していて、その責任を政府の経済無策と指弾する人もいる。だが、日本で安楽死が認められていないことも一つの要因ではないかと思う。

末期ガンとか回復不能の難病の人が「もう死なせてくれ」と言っても、日本では簡単ではない。それで、自殺という手段をとらざるをえないのである。

ヨーロッパでは一定の条件を満たせば、数十万円で「尊厳死」させてくれる施設があるという。この施設、なかなか繁盛していて、予約が一〇〇〇名を超えたという記事が新聞に出ていた。

高齢社会は、なかなか死ねない社会でもある。だが、死は確実にやってくる。それも予告なしがほとんどだから、できるだけ他人を煩《わずら》わさないためにも、六十歳を過ぎたら、「自分の死」について具体的に考えておく必要があると思う。

「お一人さま」の覚悟はあるか

一人で暮らしたくないからといって、老人施設へ入るとしたら、いまどのくらいの費用がかかると思われるか。

いろいろあるが、たとえば高級な老人ホームの場合、三〇〇〇万円ほど払って、月々二八万円くらいかかるものや、一ランク落として、約一〇〇〇万円払って、月々二〇万円以下のランニングコストがかかるものがある。

持ち家を売れば、実行できる人がいるかもしれない。しかし私は、この選択はおすすめしたくない。パンフレットを見るかぎり、理想の生活ができそうに思えるが、現実はかなりきびしいらしいからだ。

「こんなはずじゃなかった」という声が多いのだという。口の悪い人は、「老人ホームの現状は、昔の北朝鮮の帰還事業と同じ」と言う。北朝鮮は、「天国のような国」という触れ込みで、みんなだまされた。それとよく似ているというのだ。

パンフレットに書かれたことが嘘でなくても、それがすべてではない。書かれていないことに問題が潜んでいる。しかし、気づくのは入ってから……これではもう取り返しがつかない。

「老人ホームに入居すれば、上げ膳据え膳で食事の支度や家事をしなくていい。自由気ままに過ごせると思い込んでいる人が少なくない。だが、それはあまりにも甘すぎる」（介護福祉士の松田浩治氏）

たとえば、こんな例があるそうだ。

八十歳の女性。一人暮らしをしていたが、転んで足が少し不自由になった。しかし、あとは元気いっぱいだった。ところが、子どもが心配して老人施設への入居をすすめた。彼女はそれに従った。

「すぐに友だちもできますよ」という触れ込みだったが、勝手が違った。ボケ老人や寝たきりが多く、友だちは見つからなかった。退屈した彼女はすることがないので、自室の掃除を始めた。これが悲劇の始まりだった。

すぐに係りの者が飛んできて、「やめてください。転倒でもされたら私たちが困ります」と言われた。彼女ははじめて老人ホームの生活がどういうものかを覚った。面倒はきちんと見てもらえるが、「刑務所の禁錮刑と変わらない」と彼女は思った。

彼女は部屋に閉じこもった。そして、まもなくうつを発症した。その後のことは知らないが、おおよその想像はつく。

自分の家で一人暮らしをしたほうが、はるかに自由で充実したセカンドライフを送れるのではないか。高級な老人ホームだって、表に話が出てこないだけで、そんなに優雅であるとはとうてい思えない。

では、どうすればいいか。一人で生きる覚悟をすることだ。それもできるだけ早く、そう決心して、訓練しておくことだ。自宅を売って老人ホームへ入る選択は、くれぐれも慎重に。アテが外れたら目も当てられない。

子どもたちへのメッセージ

『日本経済新聞』の「私の履歴書」を読んでいると、「自分は親からこう言われた」というエピソードで書き出す人がけっこういる。自分亡きあと、子どもからこういうかたちで言及してもらえることは、親冥利《みようり》に尽きるのではないだろうか。

べつに世間に発表してもらわなくても、子どもの心にずっと残って、成長のプラスに作用するなら、親としてこんなうれしいことはない。親は子どもを育てる過程で、いろいろなメッセージを発するものだ。教育とは、子に対する親のメッセージで成り立っているようなものである。

それはそれでいいのだが、問題は子どもが独り立ちしてからだ。ぱったりメッセージを出さなくなる親が少なくない。

「もう一人前だから、いまさら……」

「言うべきことは伝えてある」

だが、子育てをしているときの親というものは、子どもをなんとか一人前の社会人として通用する人間にしようという気持ちが強いから、たぶんに常識的なものになりやすい。たとえば、「一生懸命勉強して、よい学校へ行き、よい会社に入って……」というような育て方がそうである。

しかし、親が本音でそう思っているとはかぎらない。内心では別のことを考えていながら、世間の常識に合わせて無難な教育をすることもあるからだ。

成長期はそれでもいいが、そこで終わらせてしまっては不十分だと思う。たとえば、あなたの子どもが親の言いつけを守り、懸命に勉強して一流大学に入り、親の願いどおりにエリート官僚になったとする。

世間的に見れば子育ての成功例と言えるが、先のことはわからない。この段階で、「もう立派に成長したから」といっさい干渉しなくなるのは、下手をすると、「仏つくって魂入れず」かもしれないのだ。

現に、エリート官僚や一流企業の社員、あるいは医者とか弁護士などになった人間で、信じられない事件を起こす者がけっこういる。あれは教育の失敗と言えるのではないか。教育にもアフターケアが必要だ。

また、親自身が成長するということもある。子育てしていたころは、「エリート官僚になれば人生の成功者だ」と素朴に信じていたが、いまは「必ずしもそうじゃない」と思いはじめている。だったら、そのことを子どもに伝えるべきだろう。

子どもは第一の人生を生きている。自分は第一の人生を卒業し、第二の人生に進学している。こういう親子関係にあるとき、人生の先輩として、現時点での自分の人生のノウハウとか人生哲学をもっと伝えたらいいと思う。

私の友人に、子どもへのメッセージとして、人名リストをつくって、こまめに渡している男がいる。過去の偉人から、現在、各界で活躍している人物まで、選りすぐりの立派な人物をチェックして、「この人の言動に注目しなさい」ということを伝えているのだ。

「べつに子どもが同調しなくてもかまわない」と彼は言う。そういうかたちでメッセージを送りつづけていれば、何かのときに「気づく足しになる」。それで十分だと。これも一つのメッセージの表し方だと思う。

子どもが社会人になると、「もう教育は終わった」と親は考えがちだが、人間は成長し、また変化していく。お互いにそうなのだから、いくつになっても、親は子にメッセージを与えることで、教育のアフターケアをするべきではないだろうか。

「お前が子どものころ、お父さんはこう言ったが、あれは浅はかだったな」

「そんなことないよ。あのころはあれでいいんだ」

こういう会話で、お互いにまた成長するきっかけをつかむ。親子の絆というものは、こういうかたちで強固になっていくのだと思う。

死ぬまで働くことの意味と価値

「死ぬまで働け」

こんなことを言うと、「勘弁してくださいよ」と言う人が多いと思う。私がこう進言するのには、二つの訳がある。

一つは、いくつになっても「稼ぐ能力がある」と思えることが大切だからだ。年をとってからは、現役時代ほど稼げるわけではない。また、働くには一定のコストがかかるから、「この程度の稼ぎなら、働かないほうがいい」ということもありうるだろう。

それでも働くことにこだわるのは、「自分はもう稼げない」と思うことは、高齢者にとって大きな不安材料になるからだ。わずかな金額でも稼ぐ能力があると思えば、気持ちが違ってくる。

二つ目の理由は、いつまでも元気でいるためである。働くことは体と頭を使うことだから、高齢からくる運動不足を解消し、使わないと衰える脳の活性化に役立つ。ボケ防止にもなる。

なかには、「私はもう十分働いた。この先は好きなことをしていたい」という人もいることだろう。そう思うのなら、それはべつにかまわない。だが、遊びも、一方で仕事をしていないと、あまり楽しくないものだ。遊びを楽しむためにも、一日、一定時間は働くほうがいいと思う。

私の目から見ると、最近の日本人は休みすぎだ。土日が休みのうえに休日が多すぎる。以前は、土曜日は半ドンで午前中は働いていた。このへんで一回、働くこと、休むことの意味と価値をきちんととらえ直しておく必要があるだろう。

戦後、日本人は復興のために、みんな懸命に働いた。だが、高度成長時代に入るころから、「日本人は働きすぎだ」と世界から言われるようになり、労働時間を短縮してきた。人のいい日本人は気づかなかったが、これは一種の謀略だったと思う。

キリスト教文化の西洋では、「安息日」(日曜日)を大切にする。この日は休む意味もあるが、重要な礼拝の日でもある。日本で「休まないこと」は、たんなる勤勉でしかないが、向こうでは神様をないがしろにすることにつながる。彼らにとって休日は、日本人とは違った意味で重要なのだ。

西洋社会は、こういう宗教的な背景から積極的に休日をとるようになり、その結果、日本人の目から見たら、「なんでそんなに働かないの」と言いたくなるほどよく休む癖をつけてしまった。

そういう社会から勤勉な日本を見ると、もともと優秀な日本国民があれだけ働いたら、自分たちは相当ヤバイと感じたのだろう。それで「日本人は働きすぎだ」などと言い出し、日本人はすっかりそれに乗せられてしまったのである。だが、現実を見てみれば、増えた休日をほんとうに充実して過ごしている人は多くないように思う。やはり、日本人の遺伝子には勤勉がしっかり刷り込まれている。

何よりもよいことは、西洋人と違って、日本人は働くことに喜びを見つけられることだ。この遺伝子を大切にし、後世に伝えていくためにも、私たちは「死ぬまで働く」という気持ちをもっていたい。

週に二、三日出かけるNPOでも、何でもいい。毎日、家でブラブラしているより、出かけて人に会うことで緊張もすれば、服装にも気を遣う。それがいいのだ。出かけ癖がつけば、帰りに見たかった映画を鑑賞するのもいいだろう。家に閉じこもっていると出かけ癖がつかなくなる。これでは老ける一方である。少しでもいいから働きなさい。収入は二の次、三の次でいい。

それにつけても近年気になるのは、居酒屋などで東南アジア系の従業員が目立っていることだ。なぜかと思ったら、いまは日本人を雇うより、彼らのほうが勤勉なのだという。「日本人を怠け者にしてやれ」という世界の試みは成功しつつある。

この試みに対抗するためにも、もっと働こうではないか。日本人にとって、働くことと遊ぶことのあいだには、そう大きな違いはない。そのことを知っているのは日本人だけである。

本書は、二〇一一年六月にＰＨＰ研究所から刊行された作品を加筆・修正して文庫化したものです。

著者紹介

川北義則（かわきた　よしのり）

1935年、大阪府生まれ。慶應義塾大学経済学部卒業後、東京スポーツ新聞社に入社。文化部長、出版部長を歴任する。77年に同社を退社後は、独立して日本クリエート社を設立。出版プロデューサーとして活躍するとともに、生活経済評論家として執筆・講演活動を行う。『男の品格』（ＰＨＰ文庫）、『「20代」でやっておきたいこと』（三笠書房）など著書多数。

ＰＨＰ文庫　みっともない老い方
60歳からの「生き直し」のススメ

2023年12月15日　第１版第１刷

著　者　川　北　義　則
発行者　永　田　貴　之
発行所　株式会社ＰＨＰ研究所
東京本部　〒135-8137　江東区豊洲5-6-52
ビジネス・教養出版部　☎03-3520-9617（編集）
普及部　☎03-3520-9630（販売）
京都本部　〒601-8411　京都市南区西九条北ノ内町11
PHP INTERFACE　https://www.php.co.jp/
組　版　有限会社エヴリ・シンク
印刷所
製本所　図書印刷株式会社

ISBN978-4-569-90380-4

PHP文庫

男の品格

気高く、そして潔く

川北義則 著

仕事は男の中身をつくり、遊びは男の行間を広くする――。「いい男」になるための仕事、家庭、恋愛、趣味、美学についての考え方とは。